ARC-SUR-TILLE

L'Église & l'École

PAR Noël GARNIER

PROVISEUR HONORAIRE, AGRÉGÉ D'HISTOIRE ET DE GÉOGRAPHIE

MEMBRE CORRESPONDANT DE LA COMMISSION DES ANTIQUITÉS DE LA CÔTE-D'OR

En vente chez l'Auteur
à Arc-sur-Tille (Côte-d'Or)

ARC-SUR-TILLE

L'Église & l'École

ARC-SUR-TILLE

L'Église & l'École

par Noël GARNIER

PROVISEUR HONORAIRE, AGRÉGÉ D'HISTOIRE ET DE GÉOGRAPHIE

MEMBRE CORRESPONDANT DE LA COMMISSION DES ANTIQUITÉS DE LA CÔTE-D'OR

En vente chez l'Auteur
à Arc-sur-Tille (Côte-d'Or)

PREMIÈRE PARTIE

L'Eglise

___

CHAPITRE PREMIER

Le Village d'Arc-s-Tille : Origine, Situation

Arc-sur-Tille est situé, comme l'indique son nom, dans la vallée et sur le cours de la Tille. Le territoire du village est composé de deux parties séparées par la Grande Tille qui serait mieux nommée la nouvelle Tille, car l'ancienne Tille, parvenue à l'entrée du finage d'Arc, obliquait à l'ouest pour se continuer par la noue de Menessard, puis par la Tille de Gourmerault, prolongée par la Kelle de Bressey, ou plutôt la vraie Tille se perdait, à Arc-sur-Tille, dans un immense marais qui séparait Arc-sur-Tille de Bressey et de Couternon et qu'on ne pouvait traverser qu'à l'aide de barques, mises en adjudication par les seigneurs d'Arc et servant au passage des gens et des voitures (1). De

(1) Le 17 octobre 1764, Jacques de Saulx, comte de Tavanes, marquis d'Arc-sur-Tille, amodie à François du Boys, Nicolas Nicolardot, Jean Mardor et Sébastien Utinet trois bateaux « pour les mettre sur les eaux dudit Arc-sur-Tille, affin de pouvoir passer et repasser les personnes, chariots, charettes qui leur arriveront. » Le bail était conclu pour neuf ans, moyennant la somme de trente livres tournois. — « Lhors des grandes eaulx, lesdits habitans ne peuvent passer sinon en basteau, ce qui leur tourne à perte de plus de 200 livres par an. » *Archives départementales de la Côte-d'Or, C. 2799.* — « Nous passons la Tille (à Arc-s-Tille) au basteau pour 5 sols... Dépense faicte à Arc : pour passer la levée d'Assurtille 1 sol 6 deniers ; pour passer au moulin en venant d'Assurtille, 1 sol ; pour passer à Assurtille, 5 sols, 5 deniers. *Livre de raison de Dominique de Cuny, dans les Mémoires de la Société bourguignonne d'Histoire et de Géographie, t. XXIV, page 301, 1893.*

ce marécage, partaient la Kelle de Bressey et d'autres ruisseaux qui se réunissaient à la Kelle, puis à l'extrémité occidentale du territoire, la Tille de Couternon, qu'on appelait aussi la Norge, ou la rivière d'Orgeux ou encore la rivière de la mare (1).

D'après tous les documents que nous avons consultés, la grande Tille actuelle est une rivière artificielle. Cependant nous sommes convaincu qu'il y avait là un bras peu important, une dérivation de la vieille Tille. Autrement on n'eût pas songé à construire les deux moulins des Saulx-Tavanes et des Mailly près de chacun de leurs châteaux. Cette dérivation recevait d'ailleurs à droite, à Arc même, les eaux de la Rigole et un peu plus bas à gauche celles des marais du Vernois. Le moulin des Saulx-Tavanes situé en amont s'appelait le Moulin Lassus ou d'en haut et le pâquier nommé maintenant la grande place ou le champ de de foire s'appelait le pâquier du Moulin Lassus. En aval, près du château des Mailly, nommé La Tour de la Motte, se trouvait le deuxième moulin (2). Au XVIIe siècle, toute la terre d'Arc avait été acquise

(1) Le savant Philibert de la Mare qui avait formé à Couternon un vaste domaine érigé en fief sous le nom de fief de Champigny, avait composé une inscription pour ce domaine ; il le dit placé sur la Tille : *villam suburbanam ad Tiliæ fluenta positam.* Et sur un vieux plan des Archives départementales de la Côte-d'Or, le moulin de Limpré, dépendant de Couternon, est dit situé au confluent de la Tille (aujourd'hui la Norge) et du ruisseau du Basmont (a).

(a) *Le nom de rivière de la Mare n'a pas de rapport avec celui du savant La Mare.*

(2) Il ne faudrait pas confondre ce moulin avec un autre moulin nommé le Moulin Lajus ou d'en bas, qui a laissé son nom à la rue du Moulin Lajus. Ce troisième moulin se trouvait sur la vieille Tille, la Tille de Gourmerault, à l'extrémité nord-ouest du Curtibaud ou Clos Timbal ; mais il a disparu depuis un temps immémorial.

par les Saulx-Tavanes. Le moulin Lassus, brûlé ainsi que le château par Gallas, n'avait pas été reconstruit, il ne resta plus à sa place qu'un batteur à chanvre, c'est-à-dire une machine destinée à briser la tige du chanvre et à en extraire la filasse. Pour donner plus de puissance à leur moulin, les comtes de Saulx avaient acheté en 1619 aux habitants d'Arcelot deux petites rivières : la Chassotière et la Pusserole, qui, après avoir arrosé les communaux d'Arcelot, puis les bois de la Gravouse, se partageaient en plusieurs branches à travers les prés des Rondeaux, et enfin réunies en un seul bras venaient se jeter dans la Tille de Gourmeraut, non loin du pont actuel. Le comte de Saulx avait fait barrer par un canal creusé sur les communaux d'Arcelot, ces deux petites rivières ; ce canal déboucha dans le bras de la Tille qui fut élargi et approfondi. Ce bras, pour ces causes, était resté la propriété des seigneurs d'Arc jusqu'en 1789, et ce qui nous fait supposer qu'il existait antérieurement, c'est qu'au-dessous du moulin de la Tour, la rivière appartenait aux habitants, ce qui n'eût pas eu lieu si la rivière avait été creusée en entier par le seigneur (1). Au XVIII° siècle la construction de la route de Dijon à Arcelot forma comme un barrage qui rejeta toutes les eaux d'amont dans la Tille du moulin ; d'autre part, la jonction de cette rivière avec celle de Gourmeraut fut détruite et ainsi la grande Tille actuelle devint la rivière principale.

(1) Un document de 1588 parle de la rivière récemment construite et des terrains acquis par le seigneur pour la creuser : il s'agit de la Combe et de son prolongement ; il est parlé de l'endroit où la nouvelle rivière rejoint *l'ancienne.*

La partie occidentale du territoire est absolument plate ; c'est celle qui était occupée par le grand marécage cité ci-dessus ; mais, en 1752, l'ingénieur Saunac y fit creuser des fossés en ligne droite et en assura le dessèchement. La partie orientale, composée de terrains plus ou moins argileux, est plus accidentée. Elle est coupée par une bande de terrain marécageux : un petit ruisseau, le Rû, suit cette bande pour tomber dans la Tille au nord de Remilly ; un autre ruisseau, le Crône, y naît un peu plus au sud-ouest et rejoint la Tille à Cessey.

Cette plaine est sillonnée par de nombreuses routes. C'est d'abord la route nationale de Dijon à Mirebeau, qui traverse le territoire de l'ouest à l'est depuis la Norge de Couternon jusqu'à la grande Tille, à peu de distance de laquelle elle oblique vers le nord-est. Elle est prolongée dans la direction de l'est par la route départementale de Pontailler qui part de la route de Dijon à l'endroit même où celle-ci fait un coude vers le nord-est. Cet endroit, le plus élevé du territoire (cote 231) est appelé vulgairement le Guidon, du nom d'un poteau indicateur qui s'y trouve ; c'est aussi le lieu dit des Carres. C'est en effet le croisement de quatre directions de chemins : la route de Dijon venant de l'ouest tourne presqu'à angle droit vers le nord ; la route de Pontailler prolonge vers l'est la partie ouest de la route de Dijon, tandis que la partie du nord est prolongée au sud par un chemin dont nous parlerons plus loin. A cet endroit, le territoire forme donc quatre angles ou, en patois bourguignon, quatre *carres*.

En revenant du Guidon à la Tille, on trouve à droite le chemin vicinal qui conduit à Arcelot, il a remplacé un chemin très ancien. A droite encore, quand on a dépassé le village et un peu avant d'arriver à la rivière de la Fourche ou du pont de la Femme (1), on rencontre le chemin vicinal d'Orgeux. Le chemin vicinal de Genlis est le prolongement de la rue de la Rigole ; il va à Genlis en desservant Bressey et Izier. De ce chemin, part, à la sortie du village, au bout du faubourg de la Cras, le nouveau chemin de Remilly ; c'était autrefois un chemin de piéton, un « treige », qui débouchait sur la place de l'Eglise. L'ancien chemin de Remilly n'est plus qu'un chemin de desserte ; il longeait la rive gauche de la Tille, gagnait à l'est le hameau de Forest, aujourd'hui détruit, puis à l'ouest atteignait Remilly. Enfin un autre chemin, appelé chemin de Bressey, part de la rue du Moulin Lajus, laisse à gauche le Carron, puis le Pautet et rejoint la route de Genlis à mi-chemin de Bressey.

Toutes ces routes sont relativement nouvelles, sauf la route nationale de Dijon ; elles datent toutes du XIXᵉ siècle. La route actuelle de Dijon, appelée aussi grande levée ou nouvelle levée est du XVIIᵉ siècle. Auparavant la route qu'on nomme encore la Vieille Levée, passait au milieu des marécages. On en retrouve la trace dans les propriétés de M. le Comte des Garets ; elle disparaît ensuite pour reparaître entre la Tille de la charrière Caillet ou de la Lancée et celle de Gourmerault ; elle se continuait sans doute par la branche nord de la rue du Moulin Lajus (2), la rue des Fosses, la rue de l'Eglise

(1) La légende rapporte qu'une femme blanche apparaissait sur ce pont.

(2) La rue du Moulin Lajus se divise en effet en deux parties qui enveloppent ce qu'on appelle aujourd'hui le Clos Timbal, corruption de

(anciennement du Four-bas), la rue du Moulin, et le chemin qui, de la fausse rivière (1), conduit à la route nationale et aboutit aux Carres. Un autre chemin partait du pont du moulin et se dirigeait sur Belleneuve avec un embranchement vers Binges. Ces chemins n'existent plus qu'en partie : ils ont été usurpés par les riverains ou remplacés par la route de Pontailler.

Nous insistons sur ces routes, parce que, bien que modernes, elles doivent remplacer d'anciennes voies romaines. Les communications d'Alise et de Dijon avec Mirebeau où était campée la VIII° légion, et avec Pontailler, Gray, Besançon, toutes localités anciennes, n'étaient-elles pas assurées du temps des Gallo-Romains? Nous savons bien qu'une route allait de Dijon à Mirebeau par Brognon, mais n'y en avait-il pas d'autres plus au sud. Nous sommes convaincu qu'une route reliait Dijon à Gray en passant au nord des marécages d'Arc-sur-Tille, traversant la Tille à un lieu dit nommé le Châtelet (2), puis le fief de Corbeton et se dirigeait sur Binges par un chemin que la route de Pontailler a dû remplacer. Nous en avons relevé les traces sur la ferme

l'ancien nom Curtibaud, c'est-à-dire Curtil de Thibault ou Thibald. C'était là qu'était le Moulin Lajus. Dans notre hypothèse, la rue du Moulin Lajus du midi était la vraie rue de ce nom, tandis que celle du nord était la vieille levée ; d'ailleurs les vieux que j'ai connus la nommaient ainsi.

(1) Cette fausse rivière fut creusée par le comte de Saulx en 1789 pour dégager le bief du moulin et empêcher les inondations. (Voir dans les Mémoires de la Société bourguignonne de géographie et d'histoire, t. XIII, p. 359 sq) notre étude sur le dessèchement des marais d'Arc-sur-Tille.

(2) Des fouilles opérées par M. l'Abbé Deguin, curé d'Arc-sur-Tille, M. l'abbé Bardot, curé d'Aroreau et M. Saussié propriétaire à Arcelot ont permis de retrouver en cet endroit la voie romaine large de 4 mètres sous une couche d'alluvions de soixante centimètres. (Manuscrit de M. l'abbé Deguin).

de Corbeton. Mais nous croyons fermement qu'une voie passait plus au sud par le village même d'Arc-sur-Tille. Elle devait sensiblement suivre la route nationale jusqu'à Varois, et là elle devait pénétrer plus au sud sur le finage de Couternon, où il existe encore un très large chemin de desserte, puis elle suivait la vieille levée dont nous avons parlé (1). On sait que souvent ces noms de Vieille Levée, vieille chaussée, chaussée de Brunehault, indiquent d'anciens chemins romains.

Une autre voie venait du côté de Genlis ; il en existe encore un tronçon qui part de la gare de Genlis et vient se perdre sur le territoire de Bressey ; cette voie se continuait certainement sur Arc, sans doute par la route de Genlis et le chemin de Bressey, et croisait la première à Arc-sur-Tille même. Et ce n'étaient pas les seuls chemins, car on trouve un autre tronçon près de Binges qui semble se diriger sur le hameau disparu de Forest, dépendance d'Arc-sur-Tille.

Quelques lieux dits portent des noms qui rappellent d'anciennes fortifications, placées certainement aux abords des voies de communication. A la sortie du territoire, du côté de Binges, se trouve le vallonnement du Vieux-Dijon, qui, semblable aux vallonnements du Val de Suzon, devait défendre un passage, et, non loin de là, sur un léger mamelon sablonneux nommé l'Aige-aux-Cochons, on a découvert à diverses reprises des tombeaux gallo-romains en pierre tendre, ce qui semble indiquer une agglo-

____

(2) Cette levée est déjà mentionnée, dès 1271, dans un document que nous citerons plus loin. Voir p. 19.

mération d'habitations depuis longtemps disparue et oubliée (1).

A l'ouest du village, un lieu dit la Citadelle était près de la vieille levée ; en Forêt, une autre citadelle devait garder la voie dont il reste un tronçon près de Binges ; au nord, du côté d'Arcelot, sur la Tille, était le Chatelet déjà nommé. Enfin la tour de la Motte dominait une hauteur formant un éperon sur la Tille, près du moulin actuel, et à l'endroit où la Vieille Levée devait franchir le petit bras de la Tille devenu par suite de différents travaux la Grande Tille.

Le nom d'Arc lui-même ne signifie-t-il pas citadelle ? Dans ce cas, cette citadelle aurait été la cause première du village. Mais qu'on donne à ce nom d'Arc le sens de citadelle (*arcem*) ou de pont (*arcum*), il faut en conclure à l'existence d'une route qui eût relié cette localité, soit au bourg de Dijon, soit au camp de Mirebeau et de la VIIIe légion, soit à Pontailler, soit plutôt à tous les trois.

Le village était-il situé où il est actuellement ? Nous ne le savons pas, mais il est probable que, selon l'usage romain, il y eut d'abord des métairies ou villas isolées et dispersées, comme Corbeton, comme le Curtibaud, comme le hameau de Forest.

---

(1) Cinq tombeaux ont été découverts vers 1865 par un fermier, M. Estivalet ; trois autres un peu plus tard par M. Armand Duvernet ; un autre en 1910 par M. Houchard. Ils ressemblent à tous les tombeaux dits mérovingiens, mais ils ne renfermaient plus que quelques ossements. Les couvercles avaient disparu ; cependant nous avons trouvé un débris de couvercle près du dernier tombeau. Nous pensons que ces tombeaux avaient été depuis longtemps découverts, vidés de leur contenu et laissés en place. A peu de distance de ces tombeaux, une grosse pierre de taille, pierre blanche également, a été déterrée en labourant et, coupée en deux, elle a été employée dans le linteau de la porte de grange de la maison que nous habitons.

On a relevé les traces d'anciennes habitations dans le voisinage de la rue du Moulin Lajus (propriété de M. Brey), dans les terres voisines de la Tille de Gourmerault, au lieu dit le Froid Bief, dans le lieu dit de Beaumeix (1), au-dessus de Champiaut ; puis le village se serait créé peu à peu ; mais à quelle époque ?

Arc vient d'un nom latin : il est nommé *Arciacum* au XIe siècle dans la Chronique de Bèze et *Arcum* ou *Archum* dans les textes du XIIe siècle. Ce nom indique donc une origine néo-latine. Les postes fortifiés dont nous avons parlé ont pu être établis après les invasions du IIIe siècle et la révolte des Bagaudes. Arc-sur-Tille daterait de cette époque, c'est-à-dire du IVe siècle : les villas romaines dont les noms ont survécu : Corbeton, Curtibaud, celles dont les noms ont péri et ces postes fortifiés ont pu être l'origine de notre village. La religion elle-même a joué son rôle dans cette formation. Le christianisme en effet s'était répandu dans nos régions dès le IIe siècle avec saint Bénigne ; mais les paroisses ne furent créées que plus tard aux Ve, VIe et VIIe siècles. C'étaient d'abord des oratoires dans les *villæ* ou métairies. Ils étaient desservis par des clercs qu'on y envoyait le dimanche. Le concile d'Arles en 314 défendit aux ministres du culte de quitter les localités auxquelles ils étaient préposés. Peu à peu il y eut ainsi des prêtres à poste fixe dans les bourgs.

---

(1) Ce nom de Beaumeix indique bien une habitation, un meix. C'est là que fut trouvée une curieuse statuette en bronze qui, après avoir appartenu à M. Madénié, d'Arc-sur-Tille, fit partie de la collection Meixmoron, puis de celle du docteur Lépine. Nous avons entendu dire aussi qu'on y avait trouvé un puits, une stèle avec deux colombes qui se becquetaient.

On sait qu'au IVe siècle, avec saint Martin, de nombreuses paroisses furent fondées. Les églises rurales étaient en général placées près de la voie romaine et des habitations se groupaient à l'entour. Il en fut sans doute ainsi de l'église et du village d'Arc, et, comme le patron de l'église fut saint Martin, il est probable qu'elle ne fut pas créée avant le Ve et peut-être le VIe siècle. En tout cas, il n'en est pas question avant le XIe siècle.

CHAPITRE II

La première Église

Trois églises au moins ont existé successivement à Arc-sur-Tille.

La première église qui succédait sans doute à quelque chapelle ou oratoire, devait être placée à la rencontre des rues de la Belle-Croix et de la Roulotte. La deuxième église, consacrée en 1485, était dans l'enceinte du cimetière actuel, mais orientée d'ouest à est. Enfin l'église qui existe aujourd'hui fut bénite en 1832.

C'est au XI° siècle, dans la chronique de Bèze que, pour la première fois, Arc-sur-Tille est nommé dans les documents. Il s'agit d'un acte d'affranchissement qui est signé à Arc-sur-Tille, *in campis illius villæ quæ Arcus dicitur, ante Canonicorum horreum, in loco qui vulgo Corbiton nuncupatur*, dans les champs de ce village qui s'appelle Arc-sur-Tille, devant la grange des chanoines, au lieu qu'on nomme Corbeton.

Ces chanoines sont les chanoines de l'abbaye de Saint-Étienne de Dijon, qui, dès le XI° siècle avaient déjà d'assez grandes propriétés à Arc, puisqu'ils y possédaient une grange pour héberger leurs récoltes.

En 1117, l'église d'Arc leur fut concédée par Gautier I, évêque de Chalon.

Jusque vers cette date, les chanoines de Saint-Étienne avaient été des chanoines séculiers, c'est-à-dire qu'ils vivaient dans le monde et jouissaient de leurs biens personnels. Quatre d'entre eux demandèrent à devenir chanoines réguliers selon la règle de saint Augustin. Ils devaient faire vœu de pauvreté en renonçant à tout bien personnel, et vivre en communauté. L'évêque de Langres, Joceran, accueillit leur demande avec joie et approuva leur proposition. Il fut convenu que les nouveaux chanoines réguliers se retireraient à Saint-Martin de Quetigny qui appartenait à l'abbaye, et on leur accorda pour vivre les biens de ce lieu. Quant aux chanoines séculiers restés à l'abbaye, ils n'auraient plus le droit de s'agréger d'autres chanoines. Ces conditions furent acceptées par tous les chanoines. Quatre d'entre eux se retirèrent donc à Quetigny, mais bientôt leur nombre s'accrut jusqu'à douze, et le 22 février 1116, Joceran les renvoya à Dijon. Mais il fallait vivre. Le prieur Arnoul obligea d'abord Mainfroy d'Arc à restituer à l'abbaye de Saint-Etienne des terres qui avaient été concédées par son père, mais dont la délivrance n'avait jamais été faite.

Ensuite Valon, successeur d'Arnoul, se rendit à Chalon pour demander à l'évêque Gautier de céder à Saint-Etienne le patronage et les émoluments de l'église Saint-Martin d'Arc. Gautier y consentit avec l'approbation du doyen Jotsald et du chapitre de Saint-Vincent de Chalon ; mais il mourut bientôt et Jotsald lui succéda. Valon retourna aussitôt à Chalon et fit ratifier par Jotsald devenu évêque ce qu'il avait déjà approuvé comme doyen. La charte qui fait mention de cette concession fut rédigée par Rodulphe, abbé de Saint-Jean-de-Losne, *Abbas Lathonencis*, qui avait l'église d'Arc dans son archidiaconnat. Elle rappelait que sur l'humble prière de Valon, prieur de Saint-Etienne, Gautier, évêque de Chalon, avait accordé à l'abbaye et aux chanoines de Saint-Etienne l'église Saint-Martin qui existe à Arc-sur-Tille et que lui, Jotsald, il approuve et confirme ce don (1).

Cette transformation des chanoines séculiers de Saint-Etienne en chanoines réguliers ne pouvait qu'être approuvée à Rome. Depuis longtemps en effet, sur les instances des papes, les conciles d'Arles, de Tours, de Chalon-sur-Saône, de Reims, de Mayence, avaient demandé le retour des chanoines à la vie commune. Le concile d'Aix-la-Chapelle en 815 les y avait fortement exhortés ; les conciles de Rome en 1059 et en 1063 leur avaient ordonné de vivre en communauté, et de faire vœu de pauvreté. Mais toutes ces instances n'avaient pu vaincre les habitudes acquises, et les chanoines continuaient à être divisés en séculiers et en réguliers. Les chanoines de Saint-Etienne en devenant réguliers ne faisaient donc qu'obéir au vœu de l'Eglise. Aussi le pape Calixte II, sollicité par Valon de confirmer toutes les possessions de l'eglise Saint-Etienne, s'empressa-t-il de le faire. La bulle est datée du mois de novembre 1124, et, parmi ces possessions,

(1) ... Dominus Walterius... cabilonensis episcopus... dedit atque concessit... Deo et ecclesie beati Stephani martiris divionensis castri atque canonicis eiusdem loci... ecclesiam Sancti Martini que sita est in loco qui vulgo Arcus vocatur... Hoc itaque donum fuit factum, concessum et stabilitum domno Valone monasterii prefati martiris priore, humiliter atque misericorditer petente. Post mortem vero domini Walterii supramemorati episcopi, domnus Jotsaldus cabilonensis ecclesie pontifex atque decanus donum sicuti primitus factum fuerat per manum Rodulphi abbatis lathonencis in cujus archidiaconatu ecclesia illa sita est, laudavit et confirmavit et cartam inde fieri precepit. (Arch. dép. de la Côte-d'Or. G. 125, f° 40).

est nommée l'église Saint-Martin d'Arc avec ses dépendances : *ecclesiam sancti Martini de Arco cum appendiciis suis* (1).

En 1137, un immense incendie détruisit à peu près entièrement Dijon et ses faubourgs. L'église Saint-Etienne avait été brûlée. Les chanoines se trouvaient obligés à de grandes dépenses. Aussi, au milieu de la misère commune, ils voulurent se faire de nouveau confirmer les concessions qui leur avaient été faites, et, dans la bulle confirmative que leur adressa le pape Innocent II en 1139, l'église d'Arc est encore nommée avec son cimetière et ses dépendances : *ecclesia Sancti Martini de Arco cum cymeterio et appendiciis suis* (1).

Enfin, en 1156, une bulle d'Adrien IV met Saint-Etienne sous la protection du Saint-Siège et veut que l'ordre des chanoines réguliers de Saint-Augustin établic dans l'église y soit perpétuellement observé, et il confirme à l'abbé Herbert et aux chanoines la possession des biens leur appartenant, entre autres l'église Saint-Martin d'Arc, le cimetière, la chapelle de Bressey et Corbeton : *Ecclesia Sancti Martini de Arco cum cimeterio et capella de Bruceio*, et un peu plus loin : le lieu nommé Corbeton, *locum de Curte Bettonis*.

C'est la première fois que, parmi les dépendances de l'église d'Arc, nous trouvons nommée la chapelle de Bressey. L'abbé Fyot, dans son histoire de Saint Etienne, émet l'hypothèse que sans doute cette chapelle avait été récemment construite. La chose est possible. Et cependant Bressey existait depuis longtemps.

(1) Archives dép. de la Côte-d'Or, G. 117.

En effet, lorsqu'au VIe siècle, saint Grégoire, évêque de Langres, après avoir fait transporter le corps de saint Bénigne dans l'église qui venait d'être fondée, voulut doter cette église il lui donna une partie de ses propres biens et de ceux de l'évêché, et parmi ces biens étaient Cessey et son église avec ses dépendances, savoir treize villas dans lesquelles est nommé Bressey : *inter que dedit potestatem que dicitur Saciacus (Cessey) cum ecclesia et omnibus appendiciis suis scilicet villas numero XIII que sunt Isadus (Izier), Rimiliacus, (Remilly), Camberia (Chambeire), Brucialis (Bressey), etc.* (1).

Il parait douteux que Bressey ait attendu jusqu'en 1156 pour avoir une chapelle. Mais si en 511, il est concédé par l'évêque de Langres, c'est qu'il dépendait alors de l'évêché de Langres. Comment est-il passé à l'évêché de Chalon et est-t-il devenu une succursale de l'église d'Arc? Jusqu'à ce jour, on ne connait aucun document qui puisse éclaircir cette question.

Si Bressey était une dépendance de l'église d'Arc, il n'en était pas de même de Corbeton. Aussi la bulle pontificale le nomme-t-elle à part Corbeton en effet formait un domaine qui appartenait en propre aux chanoines de Saint-Étienne

Comment et depuis quand s'était constitué ce domaine ? La concession faite par Mainfroy d'Arc, ou son père, en était-elle l'origine ? Nous ne le croyons pas.

Les chanoines devaient déjà posséder des biens à Arc et peut-être même y avaient-ils une chapelle.

(1) Chronique de Saint-Bénigne, année 511.

La donation de Mainfroy est de 1113. Il donne aux chanoines tout ce qu'il possède à Morbeth (Morveau, dit M. Joseph Garnier), puis une terre à Arc et la *villa* (métairie) dite de Saint-Etienne : *et item idem Manfredus wirpivit canonicis terram in Archo villamque dicti Sancti Stephani* (1). Qu'est cette métairie de Saint-Etienne ? Ce nom est-il une résultante de la donation ou y est-il antérieur ? Nous le pensons antérieur, puisque la charte d'affranchissement de la Chronique de Bèze que nous citions ci-dessus et qui est antérieure aux donations des seigneurs d'Arc est signée devant la grange des chanoines, au lieu qu'on nomme Corbeton. Les chanoines dès le XI⁰ siècle avaient donc déjà un domaine et une grange près d'Arc-sur-Tille.

Quelques années plus tard, en 1125, Mainfroy précisait ou augmentait la donation faite par lui. Il donnait aux chanoines de Saint-Etienne sur ses biens d'Arc le droit de se servir des arbres de ses bois pour leurs constructions, le parcours des bestiaux dans ces mêmes bois, la glandée, la coupe des menues branches, le pâturage de ses prés et autres propriétés, le droit de pêche dans ses rivières et étangs et l'usage de tout ce qui peut être utile à l'homme, et si même les chanoines veulent avoir des hommes à eux sur la terre d'Arc, ils le peuvent (2).

(1) Arch. départ. de la Côte-d'Or, G. 125, fᵒˢ 37 et 38.

(2)... Domnus Mainfredus dedit canonicis divionensis ecclesie apud Arci villam usus suorum nemorum ad construenda quelibet edificia, percursus quoque in eisdem nemoribus et pastanicum et ramalaticum, pasturam videlicet animalium in pratis et in quibuslibet aliis locis, atque piscationem omnium aquarum suarum et cetera humanis usibus necessaria canonicis in pace habere concessit. Si vero canonici in terræ beati Martini homines habere voluerint, libere habeant. (*Arch. dép. de la Côte-d'Or, G. 125, fº 24*).

C'est avec l'approbation de sa femme Bonne et de son frère Gauthier que Mainfroy avait fait cette donation, et cinq ans après, sans être veuf, mais toujours avec l'assentiment de sa femme, il entrait comme moine à l'abbaye de Saint-Bénigne.

Mais que pouvait-il bien lui rester à Arc-sur-Tille? Aussi ses fils Humbert, Richard et Girard ne se hatèrent pas de faire aux chanoines la délivrance de ces biens, *non bene concedebant, sed per dies assiduos canonicos eorumque res factis et verbis infectabant,* non seulement ils ne faisaient pas volontiers la concession promise, mais encore, par leurs actes et leurs paroles, ils nuisaient aux chanoines dans leurs personnes et dans leurs biens. Ils se décident enfin à aller consulter Mainfroy à Saint-Bénigne et celui-ci leur affirme qu'il a bien cédé aux chanoines l'usage entier et le parcours de ses bois et de ses rivières, *plenarium usum et percursus in omnibus silvis et aquis suis* (1).

Ce ne fut pas terminé : Girard souleva de nouvelles difficultés, mais il fut contraint de faire amende honorable, puis ce fut le tour de Richard qui ne céda qu'en 1177.

Ajoutons que d'autres donations avaient été faites aux chanoines sur la terre d'Arc.

C'est Avyn d'Arcelot et ses frères Mainfroy et Gautier qui donnent une partie de ce qu'ils possèdent à Corbeton.

C'est Arlebaud de Cussey qui leur donne un alleu qu'il avait au même lieu, consistant en bois, prés, terres labourables et friches.

____

(1) Arch. dép. de la Côte-d'Or, G. 125, f° 50 v°.

C'est Milon de Curtaon qui donne à eux et à leurs hommes de Corbeton un droit d'usage sur toutes ses terres situées au-delà de la Tille.

C'est Hugues de Corbeton et son frère Gautier qui donnent quatre journaux sur Corbeton, un contour destiné à faire un pré et une petite pièce de pré.

C'était évidemment tout un domaine constitué à l'abbaye de Saint-Etienne sur le territoire d'Arc-sur-Tille, mais dont le centre était le fief de Corbeton. Là, se trouvaient une ferme, des métayers et la grange des chanoines. Mais outre ce domaine, nous pensons qu'ils avaient une chapelle et une maison, une sorte de couvent à Arc-sur-Tille.

Il n'existe pourtant aucun document qui se rapporte à ce couvent d'une manière explicite ; mais c'est une déduction qui résulte de faits ou d'actes divers.

Une vieille tradition que nous avons recueillie autrefois veut qu'il y ait eu un couvent dans une maison qui était au midi de l'église. Cette maison avec la terre qui l'entourait formait le meix au Guépet. Les Guépet souvent nommés dans les anciens documents nous semblent avoir été une branche des d'Arc. C'était dans cette ancienne maison qui leur appartenait que devaient être prononcées les sentences criminelles rendues par la justice d'Arc-sur-Tille. La maison, acquise par M. Thévenin-Franoy fut démolie par lui. Mais nous doutons qu'elle eût jamais donné asile à des religieux. Nous l'avons trouvée assez fréquemment nommée dans des documents anciens et rien n'indique qu'elle eût jamais été transformée en couvent ou qu'elle

eût succédé à un couvent. S'il y a eu un couvent,
il pouvait être renfermé dans le cimetière près de
l'ancienne église ou encore dans le carrefour où se
trouve aujourd'hui le presbytère.

Deux textes semblent confirmer l'existence d'un
couvent à Arc-sur-Tille.

L'un de ces textes est le testament de Guillemin
d'Arc en 1274 (1) :

« Gie, Guillemin d'Arc, escuiers en bone mémoire,
jasoit que gie sois enfors dou corp, fais et ordenois
mon testament en tel manière... gie doing et lais
por le remède de masme... à mon prevosre (curé)
d'Arc IIII livres, à leure (l'œuvre) du mostier d'Arc
XL solz... au prevosre de Brece X sols, à la levée
d'Arc XX sols..., ès cloiz (clercs) d'Arc, à chascun
III solz et some XXXVI solz..., au prevosre qu'est à
la chapele de Remille X solz, au présvore qui chante
à Cort Arnoul X sols, au prevosre qui chante à
Orgeus X solz... (2). »

Ainsi il y avait un couvent à Arc-sur-Tille et ces
douze clercs qui bénéficient de la genérosité de
Guillemin appartenaient sans doute à ce couvent.
Nous croyons qu'il s'agit d'une dépendance des chanoines de Saint-Etienne, et que ces chanoines
avaient en cet endroit une sorte de maison de cam-
pagne et une chapelle.

(1) Il était le neveu de Hugues d'Arc, abbé de Saint-Bénigne.
(2) Arch. dép. de la Côte-d'Or, H. 49. Nous traduisons en français
moderne : Je, Guillemin d'Arc, écuyer, sain d'esprit, quoique je sois
malade de corps, fais et dispose mon testament en la manière qui suit...
Je donne et laisse pour le salut de mon âme... à mon prêtre d'Arc
IV livres, à l'œuvre du couvent d'Arc XL sols... au prêtre de Brecey,
X sols, à la levée d'Arc XX sols..., aux clercs d'Arc à chacun III sols,
en tout XXXVI sols, ... au prêtre qui est à la chapelle de Remilly, X sols,
au prêtre qui chante à Couternon X sols, au prêtre qui chante à Orgeux,
X sols.

Un second document confirme l'existence de ce « moustier ». C'est un acte de vente. Eude de Brecey, curé d'Arc-sur-Tille vend en octobre 1414 à Jehan le Bourrellier et Jehan Tritan dudit Arc une maison assise « en ladite ville d'Arc en la *rue du Moustier* de costé les hoirs de feu Colin Chareaul dudit Arc... d'une part, Alexandre le Guépet et Jehan Gautherin tout au long d'autre part (1). »

Où était située cette rue du Moutier, c'est-à-dire du couvent ?

Dans une Cherche de feux, faite en 1430, nous lisons, cités à la suite l'un de l'autre, parmi les feux solvables, les noms suivants : Jehan Bourrellier, Jehan Tritan, et un peu avant Etienne Charreau. En 1431, nous trouvons Jehan Tritan, Estienne Chareaul à la suite l'un de l'autre parmi les feux solvables, mais Jehan Bourrellier se trouve compris dans les feux misérables. En 1433, Etienne Chareaul et Jehan le Bourrellier se suivent parmi les solvables ; nous ne trouvons plus Jehan Tritan, mais Thomas Tritan, son fils sans doute, parmi les misérables (1).

Ce sont évidemment les acheteurs et les propriétaires cités dans la vente faite par Eude de Brecey ; malheureusement le nom de la rue n'est pas indiqué.

Mais nous le trouvons dans une Cherche de 1470, et, dans la rue du Four bas, nous lisons les noms suivants : Philippe Borrelier, Henri Borrelier et Henryot Tritan ; le nom de Chareaul a disparu ; nous croyons qu'il s'agit des descendants de ceux que

(1) Arch. Départ. de la Côte-d'Or, B. 11329, f° 56.

(2) Arch. Départ. de la Côte-d'Or, B. 11483, f° 154, B. 11584, f° 171, B. 11585, f° 158. Nous avons écrit l'orthographe de ces noms tels qu'elle se trouve dans les registres de Cherches de feux.

nous avons nommés précédemment. Or quelle est cette rue du Four bas? C'est la rue de l'Eglise actuelle. La rue du Four bas était comprise entre la rue du Moulin et la rue des Fosses, et pour nous, la rue du Moutier était non la rue du Four bas elle-même, mais le cul de sac qui, de cette rue, conduit au presbytère actuel et qui est bordé par deux maisons au levant et une maison au couchant. D'ailleurs ce carrefour a été très modifié depuis le gros incendie de 1840 : plusieurs maisons voisines de la Cure ont disparu. En 1414, la cure n'était pas encore là et les maisons sises au levant joignaient bien le meix au Guépet. Dans un autre document, nous avons trouvé à ce passage le nom de cour aux Prêtres (1).

Enfin il était resté dans la tradition que l'église démolie en 1828 était une ancienne église de moines. Ainsi le 15 novembre 1810, l'abbé Baulieu, curé d'Arc-sur-Tille, demandant la construction d'une nouvelle église attendu l'état de ruine de l'église actuelle. « Cette église des plus anciennes, disait-il, bâtie par des moines dont on n'a pas même mémoire, menaçait ruine depuis un très long temps (2). »

Et, dans un inventaire du 25 janvier 1791, nous trouvons dans le mobilier de l'église cette note : « Cinq autels dans une vieille église de moines Saint-Etienne à laquelle on a ajouté le sanctuaire et deux chapelles (3). »

Il existait même un « meix de la chapelle » proche la seconde église. Il appartenait à Jacques de

---

(1) Archives d'Arc-sur-Tille, D. J. Visite domiciliaire pour faire l'inventaire des armes possédées par les citoyens d'Arc.

(2) Archives d'Arc-sur-Tille, M. 3.

(3) Archives départ. de la Côte-d'Or, Q. 708, cote 17.

Saulx-Tavanes qui le vendit en 1677 à Me Jacques Goussard ; mais les confins y sont si mal indiqués qu'il est difficile d'en fixer exactement l'emplacement ; il est vendu cent livres sans mention de contenance. Il semble tirer son nom de la chapelle qui aura été l'origine de la seconde église (1).

Ce domaine, et sans doute ce couvent et cette chapelle possédés à Arc par l'abbaye de Saint-Etienne, expliquent pourquoi le prieur Valon avait demandé que l'abbaye obtînt la concession de l'église d'Arc, quoiqu'elle dépendît du diocèse de Chalon et non, comme Saint-Etienne, du diocèse de Langres.

Si nous ne pouvons savoir quand fut construite la première église d'Arc-sur-Tille, il n'est guère plus facile de dire quel en fut l'emplacement précis. Cependant, sachant que la cure se trouvait dans l'enclos situé entre la rue de la Belle-Croix et la ruelle qui conduit à la gare et en face de la rue Roulotte, sachant aussi que le cimetière se trouvait en cet endroit, nous devons en conclure que l'église y était également. Nous parlerons de la cure plus tard. Quant au cimetière, on en trouve encore des traces de loin en loin. Il occupait la rue actuelle et l'emplacement des maisons en bordure des deux côtés depuis la maison de M. Gribelin au nord et celle de M. Badier au sud. Il s'étendait de là à l'ouest en comprenant une partie de la propriété Gribelin, une partie de la propriété Michaux et de la gendarmerie

___

(1) Les Goussard possédaient la maison située sur la rive droite de la Tille près du pont du Moulin, maison qui est passée ensuite aux Charbonnier, puis aux Lerouge et qui vient d'être dénommée la villa Pacha. Nous pensons que c'était le meix de la chapelle.

et de l'autre côté, une partie de la maison Badier,
puis les maisons en bordure jusqu'à la rue Roulotte.
Dans cet espace, on a trouvé à diverses reprises des
sépultures mérovingiennes comme l'indiquent les
objets decouverts : scramsax, umbo de bouclier,
vases en terre, fibules et agrafes en bronze. Ce
cimetière est donc fort ancien. Il est probable que
si des fouilles étaient faites, on trouverait encore
dés traces de l'ancien cimetière mérovingien, mais
aussi du cimetière chrétien. Des squelettes ont été
trouvés à l'extrémité du jardin de Mlle Cauzard, alors
propriété de M. le docteur Tarnier, et deux squelettes dans la cave de M. Gribelin : il est probable
qu'ils appartenaient à l'époque chrétienne.

D'ailleurs, dans plusieurs documents, la rue de
la Belle-Croix est nommée rue du Vieux-Cimetière (1).

Dans toutes les recherches que nous avons faites,
nous avons trouvé l'ancienne église citée deux fois
seulement dans deux protocoles de 1425 et de 1448.

Le 2 janvier 1425, (1426 n. s.) « Jacquot Odenot
de Saint-Beraing demorans à Arc-sur-Tille vend à
Jehan de Gand, escuier, seigneur d'Arc-sur-Tille et

____

(1) Le 23 aoust 1661, honneste Estienne Febvret, femme séparée de
biens de Julien Maillard, praticien, vend à honorable Didier Valetier,
marchand, une maison sise à Arc-sur-Tille au bout de la rue tirant au
Pasquier Lassus (rue de la Foire), tenant de levant à ladite rue du Pasquier, de couchant à une place appelée le *Vieux-Cimetière* et ledit
Valetier, de vent à la rue qui tire depuis celle de la Rigolle à celle qui
va à Dijon. (*C'est la vente d'une partie de la maison actuelle de
M. Gribelin, qui de couchant joignait donc le Vieux-Cimetière*).
Un atlas déposé au fond de Saulx aux archives départ. de la Côte-d'Or,
donne le plan du village et nomme cette rue, rue du Vieux-Cimetière.
Enfin dans une visite domiciliaire faite en 1792 pour rechercher les
armes détenues par les particuliers, elle est encore nommée rue du Vieux-
Cimetière.

de Saint-Beraing en partie, deux livres tournois de cens annuelle et perpétuelle sur une maison estant en lad. ville et *devant l'église* dudit lieu près Henryot, d'une part et H. Simon le Faure (le forgeron) d'autre part. »

L'église était sans doute orientée d'est à ouest. Le devant de l'église ou le porche était à l'ouest, et par suite la maison dont il est question était placée au sud-ouest, c'est-à-dire à l'angle sud-est du croisement des rues Roulotte et de la Belle-Croix.

Le protocole de 1448 est ainsi conçu : « Henryot, cy-devant merchault (*maréchal* ; *est-ce le Henryot de la précédente maison ?*) et Adenote, sa femme, vendent à Oudot Cailleret la huitiesme partie des maison et grange qui furent feu Guillaume le Cailleret, ainsy que elle se comporte de goutterot à aultre, essis en la ville dudit Arc *darrière l'Église* dudit, du costé les héritiers de Hugues Cailleret d'une part et Jehan Borelier, d'aultre part... pour le prix de quatre frans. »

Malheureusement aucun nom de rue n'est donné : l'église suffisait bien au notaire pour préciser l'emplacement de ces maisons. Mais si, dans les deux protocoles, nous avons affaire avec le même Henryot, ce qui est probable, nous remarquerons que la première maison, celle d'Odenot est devant l'église et que celle qui la joint est derrière l'église, ce qui supposerait des dimensions fort restreintes à cette église, et ce pourrait être une des causes qui en firent désirer une autre.

Les maisons du protocole de 1448 auraient été placées dans la rue de la Belle-Croix, au sud de cette rue et à l'est de celles du précédent protocole. Il n'y en avait pas en effet du côté opposé, c'est-à-dire au nord. Dans l'enclos de Mme Vve Joudrier, entre la rue Belle-Croix et la Ruelle, il y avait la cure, mais à l'est de la Ruelle, c'était le cimetière. Au commencement du XIX⁰ siècle, cet emplacement du cimetière appartenait à M. Marlet, et avant lui à Mlle Madénié qui l'avait acheté d'un nommé Coillot. Une maison bourgeoise avec un colombier y avait été élevée au XVIII⁰ siècle. Après la mort de Mme Guillemard, fille de M. Marlet ; la maison fut achetée par M. Gollotte, qui construisit une maison entre la sienne et celle qui appartient à M. Gribelin.

En rapprochant les deux protocoles que nous avons cités, nous constatons qu'il y avait au moins cinq maisons dans le voisinage de l'église, 1° la maison de Jacquot Odenot, 2° la maison de Simon le Faure, 3° la maison d'Henryot, 4° la maison vendue par Henryot à Oudot-Cailleret et qui sans doute est la même que celle du n° 3 ? 5° la maison de Hugues Cailleret, 6° la maison de Jehan Borelier. L'église ne pouvait donc se trouver où est l'église actuelle, qui n'avait au midi en voisinage immédiat que le meix au Guépet ; séparée par un grand espace et un petit chemin, du meix appartenant au XV⁰ siècle à un nommé Poiretet et devenu plus tard la maison Roussin, aujourd'hui la maison du Dr Cortet. Au couchant de cette deuxième église, il y avait bien quatre ou cinq maisons autour de la cour aux Prêtres, mais elles étaient très éloignées de l'Eglise, et l'emplacement de la maison Garcenot était un jardin. La primitive église ne se trouvait donc pas où est l'église actuelle et tout semble indiquer qu'elle se trouvait comme nous l'avons dit, au croisement des rues du Vieux-Cimetière ou de la Belle-Croix et de la rue Roulotte.

CHAPITRE III

La deuxième Église.

Aucun document ne nous a fait connaître en quel style avait été construite la première église, il est probable que, comme les parties anciennes des églises voisines de Couternon, d'Orgeux, d'Arceau, de Belleneuve, elle était de style roman. Nous n'en savons guère plus de la seconde église, quoiqu'elle ait disparu depuis moins d'un siècle. Elle était placée dans le cimetière actuel, mais plus rapprochée du mur du nord et orientée du levant au couchant.

Pourquoi la nouvelle église fut-elle placée à l'autre bout du village, loin de la cure et du cimetière ? Peut-être le cimetière fut-il immédiatement désaffecté et remplacé par le cimetière actuel, mais nous verrons que l'ancienne cure servit de demeure au curé jusqu'au XVII⁰ siècle. Si notre hypothèse d'une ancienne chapelle transformée en église est fondée, il est facile de s'expliquer ce qui s'est passé alors.

La vieille église était insuffisante ou plutôt était en ruines. Les habitants d'Arc-sur-Tille étaient très pauvres (1) : les documents des archives nous les représentent écrasés par l'entretien de leur levée et

______

(1) Dans les sobriquets bourguignons. les habitants d'Arc-sur-Tille figurent sous le nom des *sais vèides* (sacs vides), ce qui signifiait les bourses vides, et faisait allusion à la pauvreté du village.

chargés de dettes. Il leur fallait pourtant une église : la chapelle qui existait fut mise à leur disposition ; elle fut agrandie et elle remplaça l'église ruinée qui fit place au prolongement de la rue de la Belle-Croix.

La lettre déjà citée du curé Baulieu dit que c'était une église de moines ; l'inventaire de 1791 précise davantage : c'était une ancienne église de moines de Saint-Etienne à laquelle on ajouta deux chapelles et le sanctuaire.

Dans une vue à vol d'oiseau d'Arc-sur-Tille en 1612 (1) on trouve une esquisse de l'église. Le bâtiment principal est orienté de l'est à l'ouest ; il semble qu'il y a une aile dirigée vers le nord ; un clocher avec une flèche se dresse au milieu du transsept. Un mur circulaire entoure le cimetière et s'ouvre par deux portes dans la partie visible, l'une sur la rue du Four, l'autre du côté du château de la Grosse Tour. Un document du 22 septembre 1675 nous apprend qu'il y en avait une troisième. Dans un plan du village, au fonds de Saulx-Tavanes aux Archives départementales, l'église a la forme d'une croix latine.

Cette église, ou au moins les chapelles annexées devaient être du style gothique du XV⁰ siècle. Il ne reste plus de cette seconde église qu'un bénitier et la grille du chœur. Le bénitier est un cuveau octogonal plus étroit à la base qu'au sommet et du pur style du XV⁰ siècle. La grille du chœur est en fer forgé du XVIII⁰ siècle. La fontaine des fonts baptismaux existe aussi ; c'est une intéressante relique

(1) Archives dép. de la Côte d'Or, c 2819.

qui appartient à M. Dasey. Elle lui vient de l'arrière-grand-père de sa femme, qui ayant acheté les matériaux de l'église démolie, avait gardé la cuve baptismale : elle est du même style que le bénitier.

L'église une fois achevée fut consacrée le 4 août 1485 par le révérendissime André de Poupet, évêque de Chalon-sur-Saône, comme l'atteste une pièce en parchemin qui faisait partie du trésor de l'église et qui, lors de la translation des archives de l'église à Dijon fut oubliée. C'était un parchemin de 7 à 8 centimètres de long sur deux environ de large. Il avait été déposé dans un reliquaire dont nous parlerons plus tard, et à côté se trouvait une copie du XVIIIe siècle. Ce reliquaire avait été relégué dans un grenier ; nous en avions prévu la destruction et nous avions mis le parchemin en sûreté. Quand l'abbé Deguin fut devenu curé d'Arc-sur-Tille, il se proposa d'écrire l'histoire du village ; nous crûmes bien faire de lui remettre notre parchemin, après en avoir pris copie ; il le dit d'ailleurs dans son manuscrit que nous possédons, mais qui est resté inachevé. Les notes qu'il avait recueillies ont été perdues et probablement détruites, et cette pièce intéressante a dû subir le même sort : elle n'a pas été retrouvée. Quant au reliquaire, le contenu en a été jeté par M. l'abbé Grognot (1).

Nous reproduisons ici cette pièce avec ses abréviations :

Anno Dni millo quadragitesimo octogesimo quito,

(1) M. l'abbé Bret, archiviste de l'évêché, à qui nous devons d'utiles renseignements sur les premiers curés du XIXe siècle, nous assure que la correspondance seule de l'abbé Deguin a été brûlée. Toutes ses notes ont dû être déposées au petit séminaire de Flavigny : peut-être notre parchemin s'y retrouvera-t-il.

die quarta mese Augusti reverendus in X° P. D. D.
Andreas de Poupeto epus Cabilonesis hanc ecclam
et altare ad honorem sancti Martini consecravit et
dedicavit. Et sunt reliquiæ sancti Stephani qui in
hoc habentur sepulchro.

Gauffredi Archidiaconus.

« L'an du Seigneur mil quatre cent quatre-vingt
cinq, le quatrième jour du mois d'août, le Révérend
Père en Jésus-Christ Monseigneur André de Poupet,
évêque de Chalon, a consacré et dédié cette église
et l'autel en l'honneur de saint Martin. Ce sont des
reliques de saint Etienne qui sont renfermées dans
l'autel. *Signé* : Gauffredi, archidiacre. »

Ces reliques de saint Etienne déposées dans
l'autel majeur semblent bien confirmer notre hypothèse d'une ancienne chapelle appartenant aux chanoines de Saint-Etienne, car c'étaient sans doute
les reliques du principal autel de l'ancienne chapelle.

Nous savons peu de choses sur la disposition
même de l'église.

Elle comptait trois chapelles : la chapelle Saint-
Nicolas du côté du midi, la chapelle des Rois et de
la Sainte-Vierge, du côté du nord ; ces deux chapelles flanquaient le chœur. Dans la nef enfin, se
trouvait la chapelle Notre-Dame fondée, d'après
plusieurs documents, en 1400, par Jean de Gand,
l'un des coseigneurs d'Arc-sur-Tille.

La fondation des diverses chapelles nous paraît
très obscure ; toutes les trois appartenaient aux seigneurs d'Arc et elles avaient sans doute été fondées
à diverses époques. Dès le XII° siècle, nous trouvons
un chapelain d'Arc : Garnerius, capellanus de Archo,

Garnier, chapelain d'Arc ; il signe comme témoin dans un accord entre Huon d'Arc et l'abbé de Saint-Etienne. Dans cette pièce, les témoins sont tous d'Arc : c'est avec Garnier, Jean d'Arc, Warter, fermier d'Arc, Hugues, son frère et Thibaud (Tebaldus), convers de Corbeton (1).

En 1367, Agnès de Saint-Seine-sur-Vingeanne, veuve de Guy d'Arc, fonde trois messes *en la chapelle des Seigneurs* d'Arc, moyennant dix livres de rente, assises sur le four d'Arc (2). Cette chapelle des seigneurs existait donc avant 1400.

Dans les protocoles de Micheletus de Sacugneyo (Michelet ou Michel de Sacquenay), nous trouvons que Messire Pierre, de Bar-le-Régulier, vend en 1369 et pour trois ans à Regnault le Gélinier, bourgeois de Dijon, dix livres tournois qui sont dues audit Pierre sur le four d'Arc-sur-Tille, « à cause de la chapellenie fondée par dame Agnès de Sainct-Saingne, en la chapelle Saint-Martin d'Arc (3). »

Enfin, dans un protocole de Sauxurettes, notaire à Arc-sur-Tille, nous trouvons nommée la chapellenie de Soyer de Gand en 1388, il s'agit d'une terre de cette chapellenic qui forme la limite d'une terre vendue (4), et, dans le terrier des Mailly en 1549, on nomme « la chaspel de Monsieur (5). »

Au XVIIᵉ siècle, il n'y avait qu'un chapelain, celui de la chapelle Notre-Dame et cette chapelle possédait le four banal de la rue du Four. C'est probable-

---

(1) Arch. départ., G. 125, fᵒ 69 vo.
(2) Arch. dép., 11268, fᵒ 17.
(3) Archives depart., B. 11277., fᵒ 5.
(4) Archives départ, B. 11303., fᵒ 41.
(5) Archives départ, E. 1755.

ment le même four banal qui est nommé dans les documents de 1367 et de 1369. L'autre four banal de la rue de la Rigole avait continué à appartenir au seigneur ; il fut brûlé en 1706 et les habitants en obtinrent l'abolition, moyennant une petite redevance annuelle en grains.

L'inventaire de 1792 annonce cinq autels y compris le maître-autel. Nous croyons qu'il faut distinguer les autels des chapelles que nous venons de nommer. Divers documents nous fournissent le nom de ces autels.

En 1706, des ouvrages sont faits à l'église ; on place des lambris depuis le grand autel des deux côtés jusqu'aux culs-de-lampe qui sont aux piliers joignant les chapelles. On met des retables aux deux autels *de la sainte Vierge* et de *sainte Anne*, avec niches et piédestal pour les images. En 1735, Jean Corberan est enterré à côté de l'autel *Sainte-Anne*. La même pièce nomme une chapelle du Rosaire qui est sans doute l'autel de la sainte Vierge (1).

Esdriette Rouyer, veuve de Jean le Borgne veut être enterrée devant l'autel *Saint-Éloi* (1628. 28 janvier, *actes de l'étude Besson*).

Une inhumation a lieu en 1640 proche l'autel *Saint-Côme et Saint-Damien*.

Il y avait donc le grand autel, l'autel Saint-Nicolas, l'autel de la Vierge, l'autel Sainte-Anne, l'autel Saint-Roch, l'autel des saints Côme et Damien, et l'autel de la chapelle Notre-Dame.

Nous ne nommons pas l'autel des Rois ; car la chapelle des Rois était aussi l'autel de la Vierge ou

(1) Arch. dép. G. 3879.

du Rosaire. Il y avait une crèche dans cette chapelle; il n'en reste que la statue de saint Joseph appartenant aujourd'hui à Mlle Marguerite Brisville. L'église possédait un reliquaire renfermant des reliques des Rois mages, et un apport se faisait anciennement le jour de l'Epiphanie dans l'église d'Arc.

L'autel Saint-Eloi renfermait la statue de ce saint; elle se trouve aujourd'hui dans une maison de la rue de la Rigole. Cette maison appartenait jadis à Brullebaut dit Lignon, qui était maréchal et qui donna ainsi asile à son patron, quand les statues de l'église furent dispersées dans le village, comme nous le dirons plus loin.

Il y avait une statue de la Vierge dans la chapelle de ce nom et une autre dans la chapelle de Notre-Dame. L'une des statues fut donnée à Mlle Dalet et l'autre à Mme Maillot qui la légua à Mlle Dalet. Les deux statues vêtues de robes de soie avec dentelles et ornements dorés n'étaient que des bustes. Nous les avons vues autrefois; elles étaient dans des chasses. Elles étaient bien vieilles et bien vermoulues, et transportées chez M. Porche, héritier de Mlle Dalet, elle sont peu à peu tombées en poussière.

La chapelle Saint-Nicolas s'appelait aussi chapelle des Mailly, du nom d'une ancienne famille des seigneurs d'Arc. Elle était au midi et communiquait librement avec le sanctuaire; la chapelle des Rois était au nord et séparée du sanctuaire par une porte en bois à claires voies (1). C'est dans cette chapelle

(1) Archives d'Arc-sur-Tille. Dans les comptes de l'année 1672, nous

que se trouvaient dans un reliquaire en argent des reliques des Rois mages (1).

Le vitrail de la chapelle des rois représentait la fuite en Egypte : la Sainte Vierge ayant l'enfant Jésus dans ses bras, était assise sur un âne et saint Joseph tenant une gourde conduisait cet âne. Du côté opposé, dans la chapelle Saint-Nicolas, le vitrail représentait l'épisode de saint Martin à cheval donnant la moitié de son manteau à un pauvre. Les vitraux du chœur représentaient plusieurs seigneurs d'Arc-sur-Tille en pied et revêtus de leur armure.

Nous avons vu que les trois chapelles appartenaient aux seigneurs d'Arc. Il y avait deux familles seigneuriales au XVIᵉ siècle, les de Saulx-Tavanes et les de Mailly (2) ; mais au XVIIIᵉ siècle, il ne restait plus que les Saulx-Tavanes ; ils avaient peu à peu laissé les habitants occuper le chapelle saint Nicolas. En 1727, Claude Devenet, auditeur à la Chambre des Comptes de Dijon, était venu habiter Arc-sur-Tille et avait loué la maison de Georges Gabeure (maison Emile Coulon, rue Roulotte). Il demanda

lisons : « Une porte à jour et de menuiserie dans la chapelle des trois Rois pour entrez au chœur : 3 livres.

(1) C'est de Mme Prélange, née Jeanne Galand, que nous tenons ce renseignement, ou plutôt elle nous l'a confirmé, car notre aïeule Mme Marguerite Brullebaut nous avait parlé de ce reliquaire, de ces reliques et de l'apport dont elles étaient l'objet. Un inventaire de 1680 nomme bien ce reliquaire en argent (Arch. dép., G. 3879), et une séparation y est faite en 1681 (ibid., G. 3880). Ce reliquaire est porté en 1673 à Dijon chez Mme de Macheco pour le mettre à l'abri de la guerre qui menaçait.

(2) Les Saulx-Tavanes ont laissé leur nom à la ferme ou comme l'on dit en Bourgogne, à la rente de Saulx-Tavanes, bâtie sous la Restauration sur les terrains de leurs bois défrichés ; le Dr Tarnier a fait graver leurs armes (d'azur à un lion grimpant armé et langué de gueules) sur la fontaine Tarnier, établie au lieu dit de Champagne. Les Mailly ont aussi laissé leur nom à un ancien étang, l'étang Mailly aujourd'hui desséché ; mais la rente qui y a été construite a été appelée la rente de l'Etang-Mailly.

une place à l'église pour lui et sa famille. Un banc lui fut concédé dans la chapelle Saint-Nicolas, touchant au mur au couchant et faisant face à l'autel. On mit pour condition qu'il ferait peindre un tableau de saint Nicolas pour former le retable de cette chapelle et que la valeur en serait au moins de trente livres. Ce tableau fut fait : il existe encore aujourd'hui dans la chapelle du confessionnal. Il est du peintre François Vita de Dijon et a coûté 45 livres, comme en fait foi la quittance du peintre qui reconnaît « avoir reçu de M. Claude Devenet la somme de 45 lb. valleur en bonne monnoye ayant cours... pour la façon du tableau de saint Nicolas par luy fourni et placé en la chapelle du nom du mesme saint (1). » Le cadre avait coûté 40 livres à la fabrique.

Cette même place fut ensuite cédée en 1733 à M. André Perrin, avocat, bailli d'Arc-sur-Tille. Il habitait la maison Mansion que sans doute il avait construite. L'acte de concession dit que le banc établi par Devenet est mis à la disposition de Perrin, moyennant 20 livres.

En 1786, Nicolas Perrin, ancien conseiller au Parlement de Bourgogne et fils d'André, demanda à être maintenu dans la possession de ce banc, et même, vu sa nombreuse famille, il demandait qu'on y joignît le banc vacant de feu Pierre Devienne. Il avait même obtenu l'autorisation des réprésentants de la maison de Saulx-Tavanes, le duc de Saulx et le comte de Tavanes ; mais cette autorisation n'était pas nécessaire, car depuis 1781, les habitants étaient en possession de la chapelle. La demande

---

(1) Minutes de l'étude de M. Besson, notaire. Le tableau porte les armoiries des Devenet : d'azur au chevron d'or et à trois besons d'argent.

de Perrin fut accueillie par la fabrique ; il donna à l'église une lampe en argent de 50 livres et il reprit l'ancienne lampe en cuivre pour le prix de 10 livres 7 sous.

On voit donc que, même avant la concession de de 1781, les habitants disposaient de la chapelle Saint-Nicolas et y plaçaient des bancs. Ils avaient fini par en revendiquer la possession. Dans un mémoire au duc de Saulx, ils rappellent qu'elle leur appartient depuis un temps immémorial. Si elle a été bâtie par les seigneurs, ceux-ci l'ont abandonnée à l'église lors de la réunion de la terre sous un seul seigneur, avec d'autant plus de raison qu'ils en ont encore deux autres, la chapelle des Rois, et la chapelle de Notre-Dame. C'est dans la chapelle des Rois, fondée en 1400 par Jean de Gand que Catherine Chabot, comtesse de Saulx-Tavannes a été inhumée, comme en fait foi l'inscription de son tombeau et une table de cuivre posée en la Chapelle des Rois (1). Cette chapelle est fort vaste, très commode et elle communique avec le dehors par une porte située du côté du village et de l'avenue qui du château débouche sur la place de l'église (2).

La chapelle Saint-Nicolas au contraire est petite, moins commode et n'est pas fermée du côté du chœur. Une confrérie y a été établie sous le vocable de ce saint, en faveur des écoliers et enfants de la paroisse. Elle est très ancienne, l'on voit qu'en l'année 1618 Jean Baillot, bâtonnier de cette confrérie, fit présent, pour son don de bâtonnier « d'une mitre et chape destinée à l'usage du bastonnier, sur

---

(1) Nous donnerons ces inscriptions un peu plus loin.
(2) Cette avenue aujourd'hui détruite longeait la rive droite de la Tille.

laquelle le milliaire de l'année 1618 est resté jusqu'à présent. » Les réparations de la chapelle de tout temps, ont été faites par les fabriciens : le pavé a été refait en 1653, les vitres ont été replacées en 1675, la serrure a été réparée en 1678, le toit en 1703, en 1723, et en 1724, le toit fut endommagé par la grêle et de nouveau réparé. C'est pourquoi les fabriciens se regardant comme propriétaires ont cru pouvoir concéder un banc au sieur Devenet, moyennant 45 livres payées au peintre qui a fait l'image de saint Nicolas servant de retable à l'autel, et la fabrique a payé 40 livres 10 sous pour le cadre fourni en 1724 par le menuisier Marigny. La place a été reconnue par l'avocat Perrin moyennant 20 livres qui ne suffisent pas aux réparations, car là table de pierre de l'autel est brisée et Mgr de Chalon, dans sa visite de 1717, a interdit d'y célébrer la messe, tant qu'elle ne serait pas réparée.

Le même mémoire, faisant appel à la générosité du seigneur, rappelait les témoignages de piété de ses ancêtres qui ont fait « orner de figures saintes la principale fenêtre du chœur et celle de la Chapelle des Rois seulement, sans aucun vestige de peinture aux autres, et s'y sont même fait représenter avec leurs armures et écussons. »

Le comte Casimir de Saulx ne resta pas sourd à cet appel : un acte du 21 décembre 1781 accorda la concession demandée :

« Lesdits habitans et fabriciens ayant représenté à mondit Seigneur que le cœur de l'Eglise de ce lieu était trop étroit pour contenir les paroissiens et que led. Seigneur a dans deux côtés de ce cœur deux chapelles dont l'une absolument inutile et que ses ancêtres avaient eu la bonté pour subvenir à l'inconvénient cy-dessus de laisser jouir la fabrique de celle de ces chapelles qui est à la droite du cœur sous le vocable de Saint-Nicolas en permettant d'y placer le lutrin, le confessional et d'y distribuer quelques places, et en conséquence l'ont supplié leur continuer cette même permission et usage. » Il leur accorde donc l'usage de cette chapelle qui consiste « à pouvoir entrer et se placer en tout temps et notamment pendant le service divin, à condition expresse que lad. fabrique sera maîtresse de distribuer les place comme elle jugera à propos ; mais le Seigneur se réserve la propriété et la justice de cette chapelle. » Les habitants devront faire toutes les réparations qui n'excéderont pas 120 livres (1).

Et le Contrôle inscrit (*Arch. dép.*, C. 7708) : « M. le comte de Tavanes, sgr d'Arc-sur-Tille, cède le 21 décembre 1781 une chapelle à Arc-sur-Tille (usufruit) estimée 60 livres. »

Ler habitants ne devaient pas tarder à revenir sur cette concession faite cependant à leur demande. En 1783, l'ingénieur Antoine demandait des réparations pour l'église, entre autres, pour la chapelle Saint-Nicolas ; il semble qu'il était surtout nécessaire de remplacer le pavé et la dépense était évaluée à 120 livres. Les habitants déclarèrent que ces réparations ne pouvaient regarder que le Seigneur à qui la chapelle appartient : ses armes sont gravées à la voûte et plusieurs anciens seigneurs y sont enterrés. C'étaient sans doute des membres de la famille d'Arc dont nous parlerons. Le comte de Tavanes accepta.

(1) Minutes de l'étude de M. Besson, notaire.

Une fondation avait été faite en la chapelle des Rois par Catherine Chabot, comtesse de Tavanes, le 26 juillet 1619. En voici l'acte :

« Au nom de Nostre-Seigneur, amen. L'an de l'Incarnation d'icelluy courant 1609, le Dimanche XXIe jour de juillet, au chasteau d'Arc-sur-Tille, après midi, par devant le Notaire royal soussigné résidant aud. Arc-sur-Tille... fut présent et constitué en sa personne hault et puissant sgr Messire Guillaume de Saulx comte de Tavanes, chevalier des ordres du Roy, conseiller en son conseil d'estat et capitaine d'une compagnie d'hommes d'armes des ordonnances de Sa Majesté, seigneur et baron de Bonnencontre, Beaulmont, Courcelles-les-Semur, Seigneur dud. Arc-sur-Tille, lequel suyvant l'intention de deffuncte haulte et puissante dame Catherine Chabot, elle vivant son espouse et compaigne, comtesse et dame desd. lieux, décédée le mardy XIVe du présent mois sur l'heure d'environ deux heures du matin, laquelle en ses derniers jours estant en volunté de faire une fondation en l'église et fabricque Mgr St-Martin d'Arc-sur-Tille où elle demandoit à estre inhumée et enterrée en leur chapelle d'icelle église, ce qu'elle ne peut (*put*) déclarer bonnement attendu sa grande maladie, seullement exposa ses intentions en un bref escript de sa main. A ces causes, led. Seigneur de Tavanes désirant accomplir l'intention et volunté de lad. dame a par ces présentes fondé et fonde en l'église au nom d'icelle dame une grande messe à nottes qui se dira chascun vendredy de la sepmaine à heure d'environ sept heures du matin à perpétuité comme aussy un grand *Libera me* avec un *De profundis* qui se dira chascun dimanche à l'issue de la grand'messe sur sa sépulture aussy à perpétuité pour commencer dès vendredy 24 de ce présent mois. »

Pour cette fondation, il donnait 500 livres.

Nous avons vu qu'une inscription était gravée sur le tombeau de Catherine Chabot et qu'une plaque de cuivre placée dans la chapelle rappelait la fondation qui lui était due.

La plaque de cuivre avait 21 pouces de long sur 19 de haut. (*Inventaire du 3 décembre* 1792). Elle fut après la fermeture de l'église, apportée à la mairie et probablement envoyée à la monnaie. L'inscription qui y était gravée était la suivante :

« Cy git Catherine Chabot, femme de Guillaume de Saux, lieutenant du Roy, fille d'Eléonore Chabot, comte de Charni, grand escuier de France. A fondé la grand'messe tous les vendredis et un grand libera le Dimanche. Morte en 1610 (*sic*). Claude de Saux, son fils aisné a fait faire cette table, 1610. »

Nous ne connaissons ni la disposition, ni l'orthographe exacte de cette inscription qui donne d'ailleurs une date fausse.

L'inscription funéraire du tombeau nous a été conservée dans la Collection Clairambaut à la Bibliothèque nationale elle est disposée comme il suit :

CY GISSENT LES OS DE DAME
CATHERINE CHABOT DAME DE
TAVANES, FILLE DE MESSIRE
LÉONOR CHABOT, COMTE DE
CHARNY, GRAND ESCUIER DE
FRANCE, FEMME DE MESSIRE
GUILLAUME DE SAULX SIEUR
DE TAVANES ET D'ARC-SUR

Tille, et son lieutenant
général en Bourgogne,
laquelle décéda pieuseme
nt audit Arc-sur-Tille en
iuillet mil six cens et neuf
Louange a Dieu de ses gra
ces qu'il leurs a départies
Amen. Icelle dame estant
morte en l'an de son
age quarante et huit.

Et au-dessous étaient ses armes dans un écu en forme de losange, accosté des deux premiers et des deux derniers chiffres de la date 1609.

Ce n'était pas la seule tombe seigneuriale de l'église. Courtépée signale celles de deux Jean d'Arc, chevaliers, 1314 et 1329 ; d'Aalis de Ruz 1331, femme de Jean décédé en 1329 ; d'Humbert, chevalier d'Arc, 1380. La collection Clairambault mentionne encore celle de Simon de Mailly en 1409 et celle de Claude de Mailly en 1499.

La collection Gaignières donne l'épitaphe de Simon de Mailly :

« Cy gist noble et puissant seigneur Messire Simon de Mailly en son vivant chevalier seigneur dudit lieu d'Arc-sur-Tille et de Villers-les-Poz, qui trespassa le XXVI° jour de iung l'an de grâce 1409. Priez Dieu pour luy. »

Sur la tombe était gravée l'effigie d'un chevalier, les mains jointes, la tête appuyée sur un coussin.

Toutes ces tombes ont disparu. Peut-être ont-elles été employées dans la construction de la nouvelle église. Mais une remarque s'impose. Toutes ces tombes, sauf la dernière, étaient antérieures à l'inauguration de la seconde église. Il faut donc admettre qu'on les avait apportées de la première église, ce qui nous paraît bien douteux ou que ces inhumations avaient été faites dans une très ancienne chapelle transformée ensuite en église.

Il reste pourtant une ancienne tombe qui a été comprise dans le pavé de l'église actuelle. C'est celle d'un jeune enfant, Louis de Lénoncourt, et par suite qui n'appartient pas aux familles seigneuriales d'Arc, mais à une famille alliée aux Saulx-Tavanes. Pourquoi y a-t-il été enterré ? Peut-être est-il mort accidentellement au château. En tous cas, sa tombe qui est très petite était dans la chapelle des Rois. Elle est maintenant à la droite de la grande porte en entrant à l'église ; elle a été déclarée monument historique. Elle était absolument intacte il y a cinquante ans, mais depuis la gelée et les pieds des assistants ont commencé à l'écailler. Elle représente un jeune enfant, vêtu d'une robe, appuyé sur un coussin, les mains jointes, avec un petit caniche à ses pieds et les armoiries des Lenoncourt aux quatre coins de la tombe.

L'inscription qui suit la bordure de la pierre est ainsi conçue :

Ci gist Loys de Lenoncourt, fils de noble Sgr. Bernardin de Lenoncourt, Sr de Gondrecourt et de damoiselle Claude de Choiseulz, sa femme, lequel trespassa le XXI de sept. MDLVII.

L'église devait posséder à une certaine hauteur, peut-être à la hauteur des fenêtres, une ornementation en couleur avec les armoiries peintes des seigneurs. Une délibération du conseil municipal du 30 octobre 1792 demande la destruction de ces distinctions.

« Le pourtour de l'église est encore ceint d'une litte en noir dont on n'a blanchi que les armoiries... la chapelle qui est située au nord de l'église porte le nom de chapelle des Rois ; cette chapelle, autrefois propriété des cy-devant seigneurs, appartient à plusieurs citoyens qui en ont fait l'acquisition (1). »

On propose de changer le nom de la chapelle et, après délibération, il est décidé qu'elle s'appellera la chapelle de l'Égalité.

De nombreuses statues étaient dans l'église. Il n'en reste aucune, à l'exception d'une petite vierge en bois doré qui nous paraît être du XVIIIe siècle ; elle figure sur l'autel devant lequel se placent le jour de leur mariage, les mariées qui appartiennent à la confrérie de la sainte Vierge. Ces statues qui, autant que j'en ai pu juger autrefois, ne doivent pas être regrettées au point de vue artistique, mais qui seraient pourtant des souvenirs précieux, n'ont pas été brisées en 1793, comme on l'a dit parfois. Elles étaient restées pour la plupart dans l'église, et lors de la démolition de cette église en 1829, le curé, l'abbé Bugnot, les dispersa dans le village. Il eut le tort de ne pas les réclamer quand l'église nouvelle fut ouverte.

Nous avons déjà nommé les deux bustes de la Sainte Vierge qui sont tombés en poussière chez M. Porche, et le saint Roch qui est encore dans la niche d'une maison de la rue de la Rigole ; c'est une statue du XVe siècle. Saint ~~Roch~~ vêtu d'une robe, serrée à la taille par une ceinture, la tête couverte

(1) Nous n'avons pas trouvé trace de cette vente.

d'une toque est devant son enclume : cette statue a beaucoup souffert.

Les statues des douze apôtres avaient été données à M. Pierre Bourgeot-Devienne ; les enfants s'en servaient comme de poupées et les ont détruites.

Les quatre évangélistes donnés à Madame Renier sont passés à Mme Désogère sa fille, puis à Mme Binet, sa petite-fille, et ont été cédés à des amis qui les désiraient.

Sainte Marie l'égyptienne, agenouillée en adoratrice, donnée à notre grand'mère, Mme Garnier-Venot a été brûlée en 1865 dans l'incendie de sa maison.

Saint Joseph qui a dû faire partie de la crèche de la chapelle des Rois appartient à Mlle Marguerite Brisville.

Saint Hubert, remit à M. Hubert Mongin, appartient à Mme Vve Sarrasin qui possède la maison d'Hubert Mongin.

Une sainte Anne remise à une famille Barbarin a été emportée à Flammerans, lors du départ de Mlle Barbarin mariée dans cette localité.

Saint Sébastien est chez M. Bourgeot-Fortin qui l'a acquis par héritage de son oncle, M. Morot.

Saint Antoine appartient à Mme Laureau qui l'a eu de son arrière-grand'père, M. Roy, etc., etc.

Il y avait aussi un saint Martin ; une réparation y est faite en 1631. Nous ignorons ce qu'il est devenu.

Les reliques ont disparu également : il existait deux reliquaires en argent et au moins deux en cuivre. Ils ont été envoyés à la monnaie avec le reste de l'argenterie. Les reliques en avaient été retirées. Elles furent placées dans un reliquaire en forme de petit tombeau, recouvert d'un couvercle bombé surmonté d'une croix et fermé sur le devant par une vitre ; le tout peint rouge et or.

Quand nous étions enfant, ce reliquaire était exposé sur l'autel Saint-Martin ; mais il n'y avait plus d'authentiques. Aussi M. l'abbé Soupey, devenu curé d'Arc-sur-Tille en 1855 l'enleva et le déposa à la sacristie. Le successeur de M. Soupey, M. l'abbé Grognot fit jeter les reliques dans le cimetière. Nous avons retrouvé l'une des faces du reliquaire, celle où était inscrite la liste des reliques. Elles étaient au nombre de 22. Nous la reproduisons :

Reliques contenues dans ce reliquaire :

1° De la colonne où Notre-Seigneur fut lié et flagellé. Très petite.
2° Reliques de saint Christophe.
3° Du bras de saint Grégoire.
4° Du manteau de saint Hugues.
5° De la corde de saint François d'Assise.
6° Relique de saint Alexis.
7° Du tombeau de Notre-Seigneur Jésus-Christ.
8° Os de saint Philippe.
9° Relique de sainte Barbe.
10° De la pierre du mont Calvaire où fut élevé la croix de Notre-Seigneur.
11° De la côte de saint Julien.
12° Reliques de saint Côme et saint Damien.
13° De sainte Marie-Madeleine.
14° Saintes Barbe et (peut-être Lucie).
15° Os et sang de sainte Catherine, vierge et martyre.
16° De la pierre du mont Sinaï.

17º De la pierre du sépulchre de Notre-Seigneur
Jésus-Christ.

18º Du linge teint dans le sang de Notre-Seigneur
Jésus-Christ.

19º De la vraie Croix.

20º Des cheveux et des vêtemens de la sainte
Vierge !!!

21º Os de saint André..... *Saint Jude ?*

22º Illisible.

L'église était le centre de la paroisse qui se confondait presque avec la communauté. Elle remplaçait la mairie qui n'existait pas encore. C'est dans le trésor de l'église que l'on gardait les papiers et les titres de la communauté (1). Ainsi le 24 août 1774, les habitants demandent communication des titres déposés aux archives de la fabrique pour en tirer copie. On leur délivre les cotes 23, 48, 51, 52, 54, 56 qui concernent la communauté ; ils devront les rendre dans trois mois. Les pièces furent remises à Germain Thibaut, ancien recteur d'école, qui devait les copier. Elles furent absentes beaucoup plus que trois mois, car elles ne furent replacées au coffret que le 25 avril 1776 ; c'est que Germain Thibaut dut avoir de la peine à les déchiffrer, puis à les faire copier. La copie assez exacte qui en a été faite existe encore aux archives de la commune, ainsi d'ailleurs qu'une partie des pièces originales.

C'est devant l'église, sous un vieux chêne appelé le chêne du Lauterot, près de la Croix des Mailly, ainsi nommée sans doute de la famille qui l'avait fait

(1) D'après un document de 1576, la mesure étalon servant au mesurage de la « coupe » de mouture était aussi déposée « au couffre de l'église pour y avoir recours si besoing faut. » *Arch. d'Arc-s-T. R., 3.*

ériger et dont elle portait les armes, que se réunissait l'assemblée des habitants pour délibérer des affaires de la communauté. C'est là aussi que se rendait la justice.

Cette place était formée d'un ancien communal et d'un meix appelé le meix de la Croix, sans doute parce qu'il renfermait la Croix des Mailly. Ce meix appartenait à Théodore de Mailly qui le vendit aux habitants pour agrandir leur place. Cette cession est consignée dans le terrier de Théodore de Mailly en 1549 :

« Item, le meix de la Croix emprès et tenant à la rivière de la Rigolle et à les meix et maison appartenans à M° Emillan Jullien ou lieu (*à la place*) de Jehan Poiretet (*c'est la maison de M. le D* Cortet*) du costé devers le vaulx (*c'est-à-dire en aval par rapport à la Tille*) ; aboutissant devers le soleil couchant sur la place commune appelée le Chagne (*chêne*), sur laquelle place est à présent ung gros chaigne et une croix de pierre laquelle est dedans icelluy meix, et de levant devers soleil levant sur ung petit commung estant entre le pont de pierre et le meix, lequel commung sert pour monter de la rue de la Rigolle sur led. pont ; pour et laquelle meix led. seigneur l'a vendu aux habitans dud. Arc 40 livres à rachapt perpétuel de semblable somme. »

La place actuelle est donc composée de trois parties : 1° une petite place avec un vieux chêne ; c'est la petite place située devant la maison de M. le D' Adam ; 2° le meix de la croix des Mailly qui s'étendait de la place précédente à la maison Cortet, anciennement Roussin ; 3° le meix aboutissait sur un petit communal qui le séparait de la Rigolle, et conduisait au pont de la Tille.

La réunion des habitants avait lieu le dimanche à la sortie des vêpres, au son de la cloche, à la suite d'un proclamat fait le matin au prône par le curé ; car toutes les choses importantes étaient proclamées en chaire, même les ventes de meubles et immeubles, et le curé recevait deux sous par proclamat. Cependant, en 1782, nous voyons intervenir le tambour au lieu de la cloche, et l'on paie une livre à Potier, tambour, « pour avoir battu pour l'assemblée des habitans ». Ce fut sans doute un essai vite abandonné, car c'est au son de la cloche qu'on se réunira en 1789.

C'est sur cette même place que se tenaient « les Grands jours » ; nous dirions plutôt aujourd'hui les assises. Ils avaient lieu une fois par an. On y nommait les échevins et les procureurs de la communauté, les messiers ou gardes des champs, les visiteurs des cheminées, etc. Les comptes de la Communauté y étaient vérifiés et la justice y était rendue. Les Grands Jours tenus par le bailli servaient aussi à admonester les habitants, même au point de vue religieux, et, si on leur défendait de passer leurs nuits au cabaret, on leur défendait aussi de blasphémer le saint nom de Dieu, de travailler le dimanche, de rester à causer sur le cimetière, quand l'office divin est commencé ; on les invitait à bien se tenir pendant l'office, à n'y pas causer.

De l'autre côté de l'église, au midi, dans le meix au Guépet, devaient se prononcer les arrêts en matière criminelle.

« Quand il avient, dit le terrier de 1549, que quelque délinquant ou malfaiteur doivent estre condamnés par la justice dudit Arc-sur-Tille, soit par les juges du sieur de Saulx, dudit sieur Helyon de Mailly que de la Mothe, pour leurs démérites, soit à soufrir mort, estre patibulé, fustigé, soufrir la torture ou autre mutilation de membre, iceulx juges ou justiciers sont tenus à toutes fois et quantes qu'il est nécessaire prononcer leur *dictum* et sentencé au meix ou maisonnement appelé au Guippet aissis aud. Arc-sur-Tille, près de l'église. »

C'est aussi sur cette place qu'avait lieu la folière des brandons.

Enfin on y nommait les fabriciens et les marguilliers et on y vérifiait les comptes de la paroisse.

Le marguillier entretenait l'église; il était payé par les habitants. En 1776, ses gages étaient fixés à 24 livres. Parfois la marguillerie fut mise aux enchères et au rabais. Outre son traitement, le marguillier avait des bénéfices éventuels ou un casuel. En 1631, il y a deux marguilliers, Nicolas Rouyer et Julien de Vienne. Ils n'ont que 13 livres de gages pour les deux, mais on leur accorde un supplément de 3 livres « pour les peines, dit le compte, de Nicolas Raillard, presbtre bachelier qui a presché et annoncé la parole de Dieu pendant l'avent, et du consentement de la plus grande partie des habitants. » Nous supposons que le comptable a voulu dire pour les peines que cette prédication a données aux marguilliers.

Nous avons retrouvé un marché de marguillerie du 15 janvier 1652 : « Jean Girardot s'engage à s'employer à faire la marguillerie de lad. église bien et dehuement au comptentement de lad. fabrique ;

auquel sera mis entre les mains tous linges et ornemens et invantaires, lesquels il restituera au bout de l'année en bon et dehu estat. Sera tenu led. Girardot faucher par deux fois les mauvaises herbes qui arriveront lad. année sur le cimetière de lad. église, pour lesquels services ledit de Vienne (*procureur de la fabrique*), a promis payer audit Girardot la somme de unze livres (1).

Quant aux fabriciens, on en nommait deux par an, avec un receveur. En 1779, le 8 novembre, on nomme pour receveur Philibert Fournier et pour fabriciens Adrien Hendelot et Jean Verrey. En 1786, Jacques Richard est receveur; Nicolas Bourgeot, couvreur de *loches* et Denis Curot sont fabriciens.

Le receveur rend compte chaque année des deniers de la fabrique.

Dans le compte de 1786 rendu par Richard, nous trouvons comme dépenses : 2 mesures de chenevis et façon d'huile 6 lb. 12 *s*. C'était l'huile destinée à la lampe du tabernacle.

Avant cette date, le chenevis n'était pas acheté : il provenait d'une quête faite le lendemain de Noël dans le village. Dans cette quête, on ramassait du chenevis pour l'huile de la lampe et du chanvre pour les cordes des cloches. En 1654, on trouve 48 livres de chanvre et 4 carteranches de chenevis. Le chenevis était remis à un huilier du village. En 1631, « Humbert Le Rouge, huillier » transforme en huile deux carteranches et demie moyennant 13 sous 6 deniers.

Revenons au compte de Richard.

On paie 1 l. 5 *s*. pour les dépenses faites chez

(1) Minutes de M° Besson, notaire.

Alexandre Corberan le samedi et le dimanche de la Passion pour les pères « capuchins » qui vinrent prêcher, et 4 sous à Jean Tristant charron qui les avait passés sur les eaux du marais de la petite levée.

En 1654, on achète une bannière du consentement des habitants ; elle est payés 61 l. 13 s.

En 1668, un incident se produit.

Dans la première partie du compte, il est écrit : « 15 livres dues par la communauté à la fabrique : elle ne leur a pas été remise », et en marge : « Attendu l'insulte faite par le sieur Curé estant en son domicile en présence de deux habitans des lieux circonvoisins et contre le présent article, a esté appelé par le subsigné greffier, les auditeurs déffendant au présent compte tant pour lui demandant que deffendant, ce qui nous a donné le subject de nous retirer de la maison curialle où nous estions pour la reddition du présent compte estant esté interrompus par le sieur curé, nous sommes retirés au chapitot (*portail*) de l'église du consentement des habitans pour parachever à l'audition du présent compte. »

Que s'était-il passé ?

Il y a 18 livres tournois payées au sieur Goussard pour la dépense de bouche faite par l'évêque de Châlon faisant la visite de la cure.

L'année suivante, les 15 livres dues par la communauté reviennent avec cette note pour les procureurs : « Ils en sont déchargés sans en avoir fait recette, attendu qu'icelle fabrique ne peut justifier que lad. communauté luy doibve aucune chose pour n'avoir aucun contract. »

Cependant cette rente de 15 livres figure déjà au compte de 1632, comme échue en avril et modérée au denier 20 pour un principal de 300 livres.

Ces comptes nous donnent encore de petits détails intéressants.

Ainsi nous savons qu'en 1671 le tronc de Saint-Martin a été volé, et que la marguillerie ayant été mise au rabais, il n'y a que 5 livres 15 sols à payer au nouveau marguillier Joachim Maître.

En 1672, c'est Simon Bourgeot avec 11 livres 10 sols ; la même année, on a réparé le chapiteau ou portail de l'église et établi une porte à la chapelle des Rois.

En 1673, on conduit à Dijon chez Madame de Macheco, les ornements de l'église et les papiers de la fabrique pour les mettre en sûreté « à cause des guerres dont nous sommes mènacés », écrit le recoveur.

Puis M. le Commandeur de Tavanes, de l'ordre de Malte étant mort, on sonne un premier glas, et on renouvelle les glas pendant trois jours ; le premier glas est payé 6 sols et les autres 6 livres pour les hommes qui ont fait les sonneries.

La même année la communauté emprunte 21 livres à la fabrique pour payer « une partie des charois qu'il a falu faire suyvant l'ordre de M. le duc d'Anguien pour le siège du conté de Bourgongne. »

C'est la conquête de la Franche-Comté qui se préparait et nous savons que Louis XIV en s'y rendant vint coucher une nuit au château d'Arc-sur-Tille.

En 1675, on fait placer trois grilles aux 3 portes du cimetière.

Une croix de mission se trouvait dans l'église, en

1676, Claude Voisin, charpentier, reçoit 50 sols pour avoir mis des liens au pied de cette croix, pour la consolider sans doute en la rattachant à la muraille.

Un peintre peint l'image d'un crucifix au milieu de l'église et deux images près de ce crucifix, placé sans doute en face de la chaire et reçoit 4 livres.

En 1677, le marquis de Saulx est mort; on le sonne trois jours, et on fait un service pour le repos de son âme ; le marguillier Antoine Brullebaut reçoit 4 livres pour ses peines et 6 livres 10 sols sont données aux prêtres assistants et 3 livres à l'officiant.

En 1678, il y a un débat au sujet de la marguillerie. Goussard proteste qu'on ne doit rien à Antoine Brullebaut, car la marguillerie a été adjugée à Jean Colas qui fait instance pour être mis en possession. Le curé réplique que la marguillerie n'a pas été délivrée au bas du cimetière, comme le veut l'usage, et que Colas n'est pas propre à remplir le service de marguillerie. L'affaire est portée devant le bailli, nous en ignorons la solution.

En 1780, on adjuge la réfection du pavage de l'église moyennant 180 livres.

En 1674, il y avait eu comme aujourd'hui, une crise du change : 68 pièces de 4 sols qui étaient dans le tronc de la fabrique perdent 17 sols, mais, en 1700, il y avait dans le tronc 694 livres 5 sols 5 deniers, et le décri des monnaies fait perdre 25 livres 10 sols.

Les porteurs de croix ou de bannières aux processions étaient payés. En 1701, il y a une procession « par le finage dudit lieu », et les porteurs reçoivent 5 sous.

La même année, on fait une boiserie dans l'église ;

on en avait fait une aux fonts qui avait coûté 573 livres 3 sols en 1787. Ces boiseries furent vendues en 1829 et achetées pour le petit séminaire de Plombières dont elles ornent la chapelle.

Pour la Fête-Dieu, on décorait l'église de ramée.

En 1708, on paie 7 livres pour relever la croix du cimetière.

En 1714, un reliquaire d'argent est payé 35 livres.

En 1718, on allonge et on rétablit la grande croix du chœur, et l'on paie pour cela 1 livre 9 sols à Dayon, menuisier. On paie aussi 2 livres 5 sols pour la nourriture pendant deux jours et demi du sculpteur Martin et du menuisier Dayon. Martin reçoit en outre 60 livres pour le dôme et le rideau de sculpture qu'il a faits et posés au grand autel.

En 1724, on achète 6.300 tuiles pour la toiture de l'église, et on vend le vieux cierge pascal 5 livres 15 sols à la femme Jean Maître pour le mettre sur l'autel Sainte-Anne.

En 1736, on paie un tabernacle 430 livres ; c'est celui qui s'élève encore sur l'autel du Sacré-Cœur. Cet autel était autrefois le maître-autel ; il a été remplacé par le maître-autel en pierre que M. l'abbé Mûnier, curé d'Arc-sur-Tille, a fait ériger à ses frais.

En 1738, on dépense 204 livres 9 sols pour le prix d'une croix d'argent avec Christ.

En 1748, le tarif d'un enterrement : levée du corps, drap mortuaire, luminaire, messe et vigiles, était de 9 livres.

En 1750, on répare deux tableaux (1) qui sont à

(1) Ces tableaux ont disparu ; il reste au grenier de la sacristie une toile entièrement effacée ; une descente de croix, copie de celle de

côté du grand autel : 16 livres 19 sols ; et le pavé du chœur coûte 167 livres 8 sols. La réparation et le vernissage de la boiserie du sanctuaire coûte 36 livres.

En 1774, Martin Devienne prétendait avoir droit à une sépulture dans l'église ; il est débouté de ses prétentions par le tribunal du bailliage et condamné aux dépens.

La même année on achète une horloge qui coûta 767 livres 16 sols. Elle a existé jusque vers 1860.

En 1787, le clocher menacé ruine ; on se décide à le démolir et à édifier un clocher en bois près de l'église ; la charpente en est adjugée à Jean Venot pour 120 livres.

On achète aussi une chappe en gros de Tours à fond blanc brochée en or et garnie de galon d'or fin ; elle coûte 300 livres. Aussi le compte se solde par un déficit de 469 livres 7 sols 2 deniers.

L'année suivante, le déficit n'est plus que de 215 livres 2 sols 8 deniers.

En 1631, on faisait encore une quête le dimanche à travers les rues du village, elle avait rapporté 1 l. 2 s. 6 d. ; nous ne la voyons plus figurer ensuite ; sans doute a-t-elle été supprimée à cause du peu de rendement qu'elle donnait.

De temps à autre, nous voyons signaler de longues processions. Ainsi à plusieurs reprises le lundi de Pâques en 1631, en 1654, en 1676 etc., on va en procession jusqu'à l'Abayotte, ferme située à Magny-sur-Tille. En 1654 une procession va à Arceau le 1er mai ; le curé, le maître d'école et le marguillier

Téniers, était autrefois au chœur de l'église actuelle ; elle a disparu depuis une cinquantaine d'années.

dépensent 30 sous en rafraîchissements. Par contre en 1676, ce sont les habitants de Beire qui viennent en procession à Arc-sur-Tille et la fabrique paie 50 sols en dépenses de bouche. Pendant le jubilé de 1709, les processions se font pendant quinze jours et le dernier jour on va à Remilly ; la dépense est de 25 sous.

Le jeudi saint, le curé, le maître d'école et le marguillier procédaient au lavage des autels avec du vin ; on en dépensa trois pintes en 1631, un chauveau en 1709. Ils se restauraient ensuite ; en 1631, la dépense est d'une livre cinq sous.

On enterrait beaucoup dans l'église. En 1667, la fabrique perçoit trois livres pour trois sépultures, celles de M. Bonnouvrier, notaire, de M. Didier Valetier et d'un enfant de Dijon. En 1669, trois grandes personnes sont enterrées ainsi que quatre enfants et la fabrique perçoit 4 livres 10 sols. Le tarif dut être augmenté, car en 1705, il fut payé 10 livres pour la sépulture de Bernard Verrey.

Les fabriciens, le receveur et les procureurs de la fabrique étaient nommés chaque année par les habitants « au bas du cimetière », c'est-à-dire sur la place. Ils rendaient les comptes par devant le bailli en présence des nouveaux procureurs, de l'officier de la justice, du curé, de quatre auditeurs élus par les habitants et de tous les habitants qui voulaient y assister. Cette reddition de comptes entraînait certaines dépenses : pour les auditeurs, le procureur d'office, le greffier, la grosse, la copie, l'apostille de cette copie, les dépenses de bouche des comptables et procureurs pendant le compte, les frais s'élèvent en 1631 à 4 livres 10 sols ; les frais de bouche, tant à l'assemblée qu'à l'audition et clôture du compte « pour messieurs les officiers, et auditeurs, procureurs, comptables, 2 livres ; à iceulx comptables sera passé la somme de 4 livres pour les récompenser des bons et aggréables offices qu'ils ont faictz à lad. fabricque pendant le temps de leur establissement.

» Pour les peines du sergent ayant faict les cris et assignation pendant le temps dud. compte pour lad. fabricque, 15 sols. »

Les recettes comprenaient le revenu des terres de la fabrique, les quêtes du dimanche, le prix des places de l'église, l'amodiation de la fête patronale, et certains casuels.

Les dépenses consistaient dans les frais d'entretien de l'église et du mobilier, ceux du culte, des fondations et une partie des gages du maître d'école.

Chaque année on faisait l'inventaire des papiers contenus dans un coffre à plusieurs serrures, et des ornements de l'église.

L'inventaire de janvier 1680 nous fait connaître en quoi consistaient l'argenterie et les ornements de l'église. Nous le reproduisons :

« 3 calices d'argent avec leurs patènes, l'un desquels est doré.

» Un ciboire d'argent et un de cuivre et une boîte d'argent pour porter le Saint-Sacrement aux malades.

» Une grande croix d'argent, garnie de bois, ferrée de cuivre.

» Une relique d'argent, deux de cuivre.

» Deux chopines d'argent et deux d'estain.

» Une aiguière d'étain et 3 de cuivre.

» 3 petites cloches.

» Une chappe noire brodée d'or sur laquelle est une image de sainte Catherine, avec l'étole.

» Une chappe de damas blanc où est sur icelle deux anges supportés d'une hostie.

» Une chappe de futaine et une autre pour les morts.

» Une chappe rouge du bastonnier de saint Nicolas (la chappe de 1618).

» Deux chasubles avec leurs étoles et manipulles, l'une de damas blanc et l'autre de tapheta violet garnye de passement d'or et d'argent avec les armes de messieurs de Tavanes.

» Plus une chasuble verte avec le manipulle.

» Une autre chasuble blanche avec l'estolle et manipulle sur laquelle sont les images de saint Jean et de saint Martin, l'estolle rompue.

» Une autre de damas rouge avec l'estolle, le manipulle, où est l'image de saint Martin.

» Une autre chasuble de jaulne où est l'image de saint Jean avec l'estolle et le manipulle.

» Une chasuble noir avec l'estolle et le manipulle donnée par M. Richard Bonnouvrier.

» Un couvre-tâbernacle donné par Mme de Macheco, garny de fleurs en faulx argent. »

8 autres couvre-tabernacles, des écharpes, un grand dais, un petit dais à porter le Saint-Sacrement aux malades, des parments d'autel, de la chaire, des robes de saints, etc..

L'inventaire des papiers de 1553 est fort intéressant et nous fait connaître une série de papiers curieux dont malheureusement plusieurs ont disparu.

« 1° Trois lettres sur parchemin, la première commençant *Andreas de Poupeto, miseratione divinâ eps cabilonensis* et finissant *Datum die XII* *mensis iunii* 1495. (Disparue).

» La 2ᵃ commençant *Philibertus de Brangia*, et finissant *Datum et actum in loco de Arcu super Tiliam die vigesimo mensi Augusti* 1535 (Disparue).

» La 3ᶜ commençant *Antonius de Vienna* et finissant *Datum in castello de La Margelle lingonensis diœcesis die decima tertia octobris* 1537. (Disparue).

» Toutes trois annexées et attachées ensemble avec lay de soye vert et rouge à double queuhe pendante et scellés de cyre rouge faisant mention de pardons octroyés à l'église par lesd. soussignés. Cothé Pardons.

» Item une aultre lettre en parchemin faicte par devant Jehan Félix, clerc demeurant à Remilly-sur-Tille, coadjuteur du tabellion de Dijon pour Mgr le duc de Bourgoygne, l'an 1420, faisant mention des droictz tant d'espousailles... que doibvent les haans d'Arc-sur-Tille au curé. Cothé A. (Disparu).

» Traduction en français de pardons cy devant cothés (Disparue).

» Ordonnance faicte par Mgr l'évesque de Bethléem aux prestres curé et église de plusieurs réfections et... qu'il convient tenir à l'église, scellée de cyre rouge et escripte en papier et signé le 20ᵉ jour d'aost 1535 (disparue).

» Une ordonnance de Mgr l'évesque de Chalon Andreas de Poupeto, 1485, 3 aost (disparue).

» Item une transaction faicte par Mgr d'Arcelot sur certaines prinses de porcz d'Arc-sur-Tille ès bois dud. Arcelot, par laquelle il en résulte et entend que lad. prinse soit vallable remettant à la con-gnoissance par devers gens à ce congnoissans, signé Claude de Mailly le 28ᵉ iour de septembre 1488, ensemble la ratification des habitans d'Arcelot (dis-parue).

» Une copie signée Capittain d'une quictance que fut (*feu*) messire Raveàul de Remilly, curé d'Arc-sur-Tille faict aux habitans d'Arc-sur-Tille de 10 frans pour ses meubles et ustencilles pbran*t*z (*de prêtre*) pour laquelle il accorde que après son treppas icelle somme soit reprinse avant toute aultre sur son bien (disparue).

» La lettre de dédicasse de l'église d'Arc-sur-Tille le IIIIˑ d'aost faict par Andreas de Poupeto, ledict IIIIˑ d'aost 1485, scellé sur parchemin en cyre rouge à double queuhe, signée Gauffredi, (disparue, mais nous en avons la copie).

» Une lettre en parchemin signée... le 5 febvrier 1470 faisant mention des champoys acquis par les habitans d'Arc-sur-Tille sur Mgr Gaspard de Saulx, sgr. de Villers et d'Arc-sur-Tille en partie en ses bois dud. Arc-sur-Tille, assavoir ès bois de Champiaut, ès boys de la Croissance, ès boys des nouhes au Guespet, au boys du Buisson au loup et au bois des Buissons au Guespet.

» Transaction entre Aubert de Carmonne, sgr de Brecey et les habitans d'Arc-sur-Tille touchant le vain pasturage tant au Varain de la Suche dict le Varain Chauderon, le Charmillot, etc...

» Une lettre en parchemin receue par La Cordère, notaire royal l'an 1514, le 9 juillet, faisant mention de la modération et abonnement aux dixmes dehues à Messeigneurs d'Arc-sur-Tille ou finage dudict lieu.

» Lettre d'amortissement sur la cure d'Arc-sur-Tille, signée par... le 15 octobre 1517.

» Une lettre de plusieurs cens et rentes transportés par Jehan Caillot et Philiberte sa femme à l'église et confraherie pour la dotation de deux anniversaires solempnelz aux jours de feste Saint-Martin d'esté et d'hyver et pour chascune messe estre payée par les procureurs de l'église 2 gros, pour chascune grand'messe avec diacre et sous-diacre payé comme l'on a de coustume.

» Lesdits Caillot et Philiberte sa femme, ont fondé perpétuellement une grand'messe du Saint-Sacrement à nottes selon que se dyent les mesmes nottes en lad. église 2 gros. Héritaiges donnés.

» 10 avril 1528, Jean Colas vend à messire Humbert Baillyot, prebstre, divers héritaiges que ce dernier donne à l'église pour un anniversaire, etc., etc. »

Une grande partie de ces papiers ont disparu. Nous regrettons surtout ceux qui concernent les pardons, car nous y aurions trouvé des preuves de la ferveur religieuse de nos ancêtres, entre autres de cet apport qui se faisait pour la fête des Rois.

CHAPITRE IV

Les Confréries. — Les Fondations.

I. — *Les Confréries*

Il a existé quatres confréries dans l'église d'Arc-sur-Tille.

Nous avons déjà nommé la confrérie de saint Nicolas pour les jeunes gens et les écoliers. Cette confrérie se réunissait dans la chapelle Saint-Nicolas, et nous avons vu qu'en 1618 Jean Baillot, bâtonnier, de cette confrérie, fit présent d'une mitre et d'une chappe destinées aux bâtonniers, ses successeurs. La confrérie a dû exister jusqu'à la Révolution, car il en est encore fait mention en 1781 dans la demande des habitants au comte de Saulx pour obtenir la concession de la chapelle Saint-Nicolas et, dans un pamphlet de la Société populaire d'Arc-sur-Tille du 15 nivôse, an II.

Nous ne possédons presque rien sur la confrérie de Saint-Martin et rien sur celle de la Sainte Vierge; mais elles sont fréquemment nommées dans les registres de l'Etat religieux, où il est dit que les membres de ces confréries ont assisté à l'enterrement d'un confrère.

Pour la confrérie de Saint-Martin, nous avons une résolution votée par les confrères. Elle a été inscrite sur le double d'un registre de l'année 1692. Elle n'est pas datée et de plus elle a été raturée;

mais une seconde note à la suite est écrite de la même main et porte la date de 1718. Elle est ainsi conçue :

« Nous, les confrères de la confrérie de Saint-Martin, légitimement assemblés et voulant conserver le bon ordre qui est parmi nous et empescher qu'il ne s'y glisse aucun déréglement contraire à la sobriété, chose qui est une des vertus particulières dont ledit saint Martin, nostre patron nous a donné l'exemple, n'usant de vin qu'à la Sainte Messe et un peu dans ses maladies. Nous avons délibéré que les confrères, tant ceux qui sont reçus que ceux que l'on recevra ne feront aucune dépense ni buvette au sujet de la réception des nouveaux confrères, attendu que cela pourrait encore détourner quelques personnes de s'y faire recevoir ni inscrire. Ainsi délibéré entre nous à la gloire de Dieu et à l'honneur de notre patron Saint Martin. »

Cette délibération avait certainement pour but de supprimer un abus : les confrères nouvellement reçus devaient payer un droit d'entrée sous forme de rafraîchissements offerts aux anciens confrères. C'était onéreux d'abord et sans doute cet usage avait dégénéré en abus.

La confrérie avait un registre de procès-verbaux qui a disparu, et où était inscrite cette délibération ; par suite d'une erreur sans doute elle avait été placée par le secrétaire sur le registre de l'état religieux et c'est pourquoi elle a été raturée. Chaque année, le bâtonnier et le receveur de la confrérie mettaient en adjudication aux enchères le droit de fête, qui consistait en la distribution d'images de saint Martin, patron du lieu, à toutes les maisons du village. L'acte d'adjudication était dressé par le notaire.

Ainsi, en 1727, Martin Pécaut, cabaretier, et Michel Demartinécourt, boulanger, obtiennent ce droit moyennant 50 livres 10 sols versés à la fabrique.

En 1728, les adjudicataires sont Jean et Adrien Galand, moyennant 50 livres, etc.

Les adjudicataire recevaient pour leur distribution, de chaque chef de famille 5 sols ou une gerbe de blé. Il est probable qu'il s'y joignait un gâteau (une brioche), comme nous avons vu faire dans notre enfance. Cette distribution se faisait au son du violon ou de la clarinette.

Nous possédons, en partie au moins, le registre de la confrérie du Saint-Sacrement. Il nous fait connaître l'origine et le fonctionnement de cette confrérie. Nous y puisons les renseignements que nous allons donner.

« Livre de la confrarye du très adorable Saint-Sacrement de l'autel rétablie en la paroisse d'Arc-sur-Tille le 29 octobre 1705, laquelle confrairie avait été érigée en l'année 1660.

« Acte de rétablissement de la Confrairye du très Saint Sacrement de l'autel érigée dans la paroisse d'Arc sur-Tille, l'an 1660.

« Ensuitte du pouvoir donné de la part de Monseigneur Henry Félix, évesque et comte de Chalon aux RR. pères missionnaires de la Compagnie de Jésus du Collège de Dijon, de prescher, confesser, erriger et rétablir selon les formes ordinaires dans toutes les paroisses de son diosaize des confrairyes et surtout celle du très Saint-Sacrement de l'Autel, nous

RR. père Pierre Branche et Jacques Anthoine de Diry, actuellement missionnaires au Collège de Dijon ayant recogneu l'ardent désir des habitans et parroissiens dudit Arc-sur-Tille pendant le cours de nostre mission aud. lieu et désirans contribuer de nostre costé à leur piété et dévotion, avons jugé à propos de rétablir la Confrairye du Saint-Sacrement de l'Autel, laquelle avoit esté desjà errigée en l'année 1660 le cinq de septembre par les pères Paulin de Bourbon, Michel Lange de Dijon et Constantin de Lyon, et qui par suitte des temps s'estoit beaucoup deschue de son antienne ferveur, faute des fondz nécessaires pour la faire subsister. Du consentement de Mc Louys Foullet actuellement curé dudit lieu, nous avons travaillé à remettre ladite confrairye sur son antien pied conformément au règlement que nous avons trouvé establv en lad. confrairye. Pour ce subiect, nous avons choisy le grand autel de l'église dudit Arc-sur-Tille pour y faire toutes les fonctions requises en tel cas et surtout marquer le premier dimanche de chaque mois pour l'exposition du saint Sacrement de l'autel, la procession qui sera sutvie de l'amende honorable à laquelle tous les confrères et sœurs de la Confrairye assisteront autant qu'il leur sera possible ; auquel effet avons jugé à propos que l'on distribue aux principaux des flambeaux, affin qu'ils unissent leurs voyes à celle de monsieur leur pasteur, ils puissent aussy faire de cœur amande honorable. Nous entendons aussy de l'authorité de mondit sgr. l'évesque de Chalon qui est le principal directeur de ceste confrairye que M. le Curé soit présent en toutes les éslections et choisisse avec le Recteur deux confrères pour recevoir les voyes d'un chacun pour nommer de nouveaux officiers par chacun an suivant l'ordre des statuts, invitant tous les confrères et sœurs à contribuer au progrèz et advancement de ceste compagnye, affin que Dieu y soit adoré au tout saint sacrement de l'autel; a cest effect nous avons signé de nostre propre main et les principaux ont aussy signé avec nous. Faict à Arc-sur-Tille, le 28 octobre 1705.

> *Signé* : Jacque Antoine de Siry, missionnaire jésuite.
>
> P. Branche, missionnaire de la Compagnie de Jésus.
>
> Le Rouge (*notaire*).

Les officiers furent alors élus.

Le Recteur fut M. Jean Le Rouge, notaire royal ; le trésorier, Louis Droupy ; il était concierge au château ; le secrétaire, Nicolas Goussard. Venaient ensuite les porteurs de dais au nombre de six, deux conducteurs de procession ; une protectrice, Madame Goussard ; deux sacristains, deux auditeurs des comptes, et quatre sacristines.

On donne ensuite la liste des confrères et des sœurs.

Il restait 80 confrères ou sœurs de l'ancienne confrérie ; 124 nouveaux adhérents furent inscrits en 1705 et sans doute la liste n'est pas achevée, car au bas de cette liste il est dit : voyez à la page 130 ; mais le registre incomplet finit à la page 42. C'était donc la majorité des hommes et des femmes de la paroisse qui étaient membres de cette confrérie.

Dans la liste, nous retrouvons beaucoup de noms qui existent encore aujourd'hui : Bourgeot, Brullebaut, Carot, Verrey, Devienne, Monniot, Nicolardot, Tristant, Seurot, Maître, Utinet, Le Gros, Thevenin, Regnier, Briseville, Barbarin. D'autres noms ont disparu : ce sont d'abord les Le Rouge, les Goussard et les Armerey qui étaient les trois familles principales du village, puis Veroufle, Marillier, Caillot, Pécault, Voisey, Charreau, Boullée, Cortot, Monnet, Chabeuf, Fèvre, Bounouvrier, Baillot, Couvert, Salinon, Jaran. Corberan, Troisgros, Mardor, Obriot, Gallimard, Clopin, Caroillet, Sebille, Richardot, Givoiset, Fournier, Raillard, Huot, Brigandiot. Quelques-unes de ces familles éteintes ont encore aujourd'hui des descendants qui portent d'autres noms. Nous les retrouverons, si nous pouvons donner suite a notre projet d'écrire une sorte d'histoire des familles d'Arc-sur-Tille.

Le jour même de l'érection de la confrérie, Jacques Goussard, conseiller d'honneur au présidial de Dijon, Jean Le Rouge, notaire royal et Nicolas Goussard, bourgeois à Arc, souscrivaient chacun 20 sous pour une fondation à perpétuité qui serait versée en rentes ou en capital par eux ou leurs descendants pour assurer chaque mois la récitation de l'amende honorable ; ces trois livres seraient les honoraires du curé. Mais cette donation fut raturée avec cette observation : « Billé du consentement de tous les confrères, attendu qu'il n'a pas eu lieu ni son effect. »

En 1707, Louis Droupy, dit Bailleux, receveur de la confrérie rend ses comptes dans la chapelle Saint-Nicolas. Les recettes se sont élevées à 22 livres 10 sols 10 deniers et les dépenses a 12 livres 7 sols. Il y avait de l'année précédente un reliquat de

40 livres 16 sols 10 deniers, qui réuni au boni de 1707, formait une somme de 50 livres 12 sols 8 deniers. Elle fut remise au nouveau receveur Jacques Brullebaut. Il reçut 10 écus blancs. 10 pièces de 10 sols, cinq pièces de 4 sols 6 deniers et le reste en monnaie de billon.

Le 4 mars 1708, le Curé réunit les confrères dans la chapelle Saint-Nicolas et leur représente combien il importe de maintenir dans la paroisse la récitation mensuelle de l'amende honorable. Il rappelle que trois confrères s'étaient associés pour fonder une amende honorable à perpétuité, mais qu'ils se sont désunis, n'ont pas remis à la fabrique l'acte de fondation et que M° Nicolas Goussard ne paie plus sa quote-part. Les confrères décident que l'amende honorable continuera à être récitée et que l'on prendra sur les fonds de la confrérie de quoi compléter les 3 livres dues au Curé. Le secrétaire était alors Dumont, recteur d'école, inscrit dans la confrérie en 1705.

La cotisation des confrères était de 5 sous, mais ils étaient nombreux et les dépenses étaient rares. Aussi la situation matérielle de la confrérie était-elle bonne, et en 1708, on prend 34 livres 8 sols 6 deniers des fonds des confrères pour réparer deux calices, des burettes d'argent, un encensoir, et échanger l'ostensoir ancien par un autre plus beau. En 1714, on achète un missel ; en 1717, on dépense 12 livres 12 sous d'huile et de couleurs destinées à peindre en marbre les deux côtés de la boiserie du chœur.

A plusieurs reprises, on constate des pertes provenant du décri des monnaies. C'est l'inverse qui se produit en 1720 : les comptes faits, il restait 38 livres

19 sols 8 deniers; « sur quoy, le receveur Jacques Brullebaut a représenté 5 escus vaillant à présent suivant l'auguemeutation neuf livres chacun, plus deux pièces de vingt solz vaillant chacune trente solz, plus une pièce vaillant à présent 18 solz; plus deux pièces de 2 solz chacune vaillant à présent chacune 5 solz; plus 2 pièces de 6 liards vaillant a présent chacune 3 solz 6 deniers; plus en 134 liards vaillant à présent 8 deniers faisant 4 livres 8 sols 8 deniers, et en deniers 44 solz 8 deniers. Toutes lesdites sommes faisant celle de 56 liv. 8 s. 4 den. »

En 1723, il ne s'est trouvé personne « qui pû commodément écrire les actes et recevoir le produit des quêtes et reconnaissances (ou *cotisations*), les confrères ont prié d'une commune voix M. Bizot, curé de vouloir bien le faire, ce qu'a aggréé led. Bizot par respect pour le Saint Sacrement et par bonne volonté pour lesd. confrères. »

Jean Verrey est bâtonnier en 1724; il donne « deux beaux flambeaux. »

Jean Mardor et Jean Briseville, bâtonniers en 1724 et 1725 donnent deux tableaux pour inscrire les noms des confrères et des sœurs; mais la dorure de ces tableaux coûte 13 livres 3 sous qui sont payés par la confrérie.

En 1727, Anne Mugnier, veuve de Claude Chabeuf, bourrelier, remet 10 livres a la confrérie, suivant la demande de son mari.

Joachim Maître, bâtonnier en 1727, donne 4 livres.

Jean Pécaut, l'ainé, bâtonnier en 1728 donne aussi 4 livres.

Jacques Brullebaut en 1729 donne une nappe d'autel.

En 1731, Jacques Tristant qui avait été bâtonnier en 1726 donne 6 livres.

En 1733, Laurent Delanque entre dans la confrérie ; il donne 24 livres et obtient le bâton.

En 1735, François Heudelet, maître d'école, reçoit le bâton et donne 3 livres.

En 1736, c'est Pierre Picard qui est bâtonnier ; il donne 5 livres.

En 1737, Jean Bourgeot donne 5 livres ; André Clopin donne 6 livres en 1738.

En 1743, c'est Mlle Michelle Le Rouge qui reçoit le bâton ; elle donne des flambeaux.

En 1766, on reçoit dans la confrérie M⁺ François Jacquemard et sa femme Mlle Anne Montenot ; c'est le père et la mère du général Jacquemard.

Les noms des bâtonniers se succèdent ainsi jusqu'en 1792.

En 1747, le curé Bizot achète un dais et paie 144 livres avec les fonds de la confrérie et 88 livres 8 sols qu'il donne de sa bourse. On épuise le reste des fonds de la confrérie en 1751, pour acheter un ostensoir qui coûte 269 livres.

A partir de 1767, les écritures sont tenues par M. l'abbé Terguet, d'abord vicaire, puis curé.

En 1771, la confrérie devait 78 livres 10 sols à M. Bizot. Cette somme comprenait : 12 messes mensuelles dites chaque année pour les défunts de la confrérie pendant 4 ans. . . . . . . 48 l.

5 livres par an de blanchissage . . . 20 l.

6 livres 10 sous pour messes de défunts après leur décès . . . . 6 l. 10 s.

4 livres pour 4 grandes messes le lendemain de l'octave du Saint-Sacrement. 4 l.

Total :   78 l. 10 s.

M. Bizot « pour témoigner sa dévotion et son très grand respect pour Notre Seigneur Jésus-Christ au Saint Sacrement de l'autel, et pour marquer sa très respectueuse reconnaissance à N. S. J.-Ch. et son attachement à lad. confrérie et la continuation de sa bonne volonté, laisse et abandonne lad. somme à la confrérie, ce qu'il désire être marqué et écrit pour sa satisfaction. Ladite somme sera employée à décorer et orner l'autel où repose le Saint-Sacrement. »

En suivant les comptes, on voit que peu à peu l'usage s'établit que chaque membre nouveau-reçu offre un flambeau ou cierge de cire et que chaque bâtonnier paie 6 livres le droit de bâton, et ce droit est définitivement fixé ainsi en 1775.

En 1790, François Clerget, bâtonnier, fait faire un bâton neuf. Il est possible que ce soit le bâton actuel.

En 1790, il n'y a pas de réceptions nouvelles ; il n'y en a que deux en 1791.

Les dépenses qui avaient été faites et la diminution des réceptions dans la confrérie, avaient fini par en obérer les finances. C'est sans doute pourquoi on avait laissé passer quatre années sans payer à M. Bizot ce qui lui était dû.

La Révolution était arrivée, et le pouvoir civil intervenait peu à peu dans les affaires religieuses. La municipalité voulut obliger les receveurs des confréries à lui rendre leurs comptes. Le 23 février 1792, elle les somma de le faire le plus tôt possible. Nous ne savons ce que firent les receveurs des confréries de la Sainte Vierge et de Saint-Martin. Leurs registres ont disparu et nous n'avons rien trouvé les concernant dans les délibérations municipales.

Mais nous avons le procès-verbal de la dernière

réunion de la confrérie du Saint-Sacrement (1).

« L'an 1792, le 17 juin, à l'issue des vêpres après le proclamat public led. jour au prône de la messe paroissiale d'Arc-sur-Tille, conçu en ces termes : Les associés à la confrairie du Saint-Sacrement de cette paroisse sont invités de se trouver aujourd'hui à la Maison commune à l'issue des vêpres pour recevoir la reddition des comptes de laditte confrairie et pour se conformer à la loi. Messieurs les officiers municipaux sont invités à s'y trouver ou d'y envoyer des députés. A Arc-sur-Tille, le 17 juin 1792.

» En conséquence de laditte annonce, lesd. associés ci après soussignés ont reçu ledit compte, savoir celui de 1788 à 1789 montant pour la recette à 55 l. 13 s. 6 d., la dépense à 92 l. déficit 36 l. 6 s. 6 d.

1789 montant pour la recette à 34 l. 9 d., la dépense à 90 l. 11 s. 6 d. déficit 56 l.

1790 montant pour la recette à 8 l. 9 s., la dépense à 78 l. 3 s. 9 d., déficit 69 l. 14 s. 9 d.

1791 montant pour la recette à 34 l. 6 s. 6 d., la dépense à 88 l. 16 s. 9 d., déficit 54 l. 10 s. 3 d.

» Des comptes précédents tant en recettes qu'en dépenses, il arrive à fin de compte que la dépense est plus forte que la recette de 54 livres 10 sols 3 deniers qui seront pris sur les dûs arriérés soit pour don de bâton que de reconnoissances, dont M. le Curé est prié de veiller à la rentrée de ces retards dont il rendra compte comme cy dessus dans

---

(1) Dans un pamphlet déjà cité de la Société populaire, nous lisons : « Tu convoquas (c'est le Curé qui est ainsi interpellé) de ta seule autorité une assemblée de tous les confrères du Saint-Sacrement, de la confrérie de Saint-Martin, Saint-Nicolas, etc. » Il s'agit de cette réunion. Nous n'avons que le procès-verbal de la confrérie du Saint-Sacrement, mais il paraît probable que chaque confrérie avait rédigé le sien.

le cours d'un mois. A Arc sur-Tille, les jours et an
que dessus.

» *Signé* : Terguet, Bourgeot, Bourgeot, P. Fournier, S. Meulnotte, Thevenard, Etienne Mongin, Charles Curot, Heudelot. »

Ce n'était pas encore la fin de la Confrérie du Saint-Sacrement pas plus que des autres confréries.

Une loi du 18 août 1792 interdisait les pratiques, les exercices et l'existence même de toute association pieuse, confrérie, etc. Cependant le 30 octobre, les confréries existaient encore à Arc-sur-Tille, et, à cette date, une délibération du conseil municipal ordonnait d'enlever de l'église les tableaux ou listes des confrères, et le 15 nivose suivant (5 janvier 1793) le factum déjà cité de la Société populaire constatait que la prise de bâton s'était encore faite l'année précédente (elle se faisait en décembre), et que les tableaux des confréries étaient restés appendus dans l'église jusqu'au jour où l'église fut transformée en temple de la Raison, ce qui eu lieu le 30 pluviôse, an II (19 février 1793). Il y a évidemment une erreur de date dans le pamphlet de la société populaire, puisque le 15 nivôse dont il est daté, est antérieur au 30 pluviôse ; il faudrait peut-être lire 15 ventôse (6 mars).

Cette fois c'en était fait de nos confréries et il faudra plus d'un demi-siècle pour voir renaître les deux principales.

II. Les fondations

'église d'Arc avait été enrichie de nombreuses fondations. Aussi possédait-elle des biens fonds importants, qui étaient administrés par la fabrique et dont les revenus étaient employés selon les intentions des fondateurs. Ces biens furent confisqués ; ils consistaient en 60 journaux de terres labourables sis à Arc-sur-Tille et aux villages circonvoisins et 30 soitures de pré (1). Ils furent mis en vente le 1er octobre 1791. Ils étaient estimés 13764 livres 17 sols et furent adjugés au onzième feu à Jean Calignon, l'ancien fermier du domaine seigneurial d'Arc-sur Tille, moyennant 26400 livres.

Nous croyons devoir rappeler ici les noms des fondateurs que nous avons trouvés soit dans les minutes du notariat d'Arc-sur-Tille, transféré aujourd'hui à Dijon (Etude de Me Besson), soit aux Archives départementales.

Nous les citerons par ordre de date, bien convaincu que nous en oublierons beaucoup et que les plus anciens fondateurs ne nous sont pas connus.

La plus ancienne fondation connue remonte au 23 janvier 1503 (nouveau style 1504). Etienne Tristan cède à la fabrique une pièce de terre d'une moitié de cinq quartiers, située en Acey, et qu'il avait acquise en 1496 au prix de 3 livres et demie et trois gros. La condition de cette cession n'est pas indiquée.

(1) Le journal et la soiture ont la même contenance : 34 ares 28 centiares ou 360 perches.

1527, 27 juin. Guillaume Baillyot fonde une grand'
messe avec vigiles pour le repos de son âme et des
âmes de ses parents trépassés. Il donne une demi-
soiture de pré en la Mange et un quartier « ès
nouhes des Charmes. »

1528. Jean Caillot et sa femme Philiberte donnent
des cens et rentes et divers héritages pour fonder,
1° deux anniversaires solennels aux jours de saint
Martin d'hiver et d'été. grand'messe avec diacre et
sous-diacre : 2° une « grant'messe du Saint Sacrement à nothes selon que se dyent les messes nothées
en ladite église. Le curé recevra deux gros ; le diacre et le sous-diacre seront payés « comme l'on a de
coustume. »

1555, 16 février. Jean Gaillard dit Baulard, de Quetigny, d'après la volonté de sa mère mariée en
secondes noces à Étienne Le Brun d'Arc-sur-Tille,
achète, moyennant 5 livres tournois et 5 sols pour
les vins, une soiture de pré sise au lieu dit au Vay
au Maire, et la cède à la fabrique d'Arc pour la fondation d'un anniversaire en l'église d'Arc la semaine
de Saint Barnabé. Il avait payé en plus à Claude
Tristan, receveur d'Hélyon de Mailly 10 sols pour
les lods et ventes. Les fermiers d'Hélyon de Mailly
prétendirent n'avoir pas été payés des lods et ventes
et s'emparèrent de la pièce. Il y eut procès ; le juge
d'Arc-sur-Tille, maître Nicolas Jachiet dut débouter Hélyon de Mailly, car les procureurs de la fabrique Claude Brullebaut et Humbert Clopin prou-
vèrent que les droits avaient été payés.

1592, 16 septembre. « Jehan Blanchard, prestre
cy-devant curé dudit Arc-sur-Tille, chappellain de
la chapelle Notre-Dame fondée en l'église dudit lieu

par les seigneurs d'Arc-sur-Tille et aulmosnier de haulte et puissante dame Madame la Maréchale de Tavanes, fonda une messe de la Sainte-Croix avec la Passion qui se dira avant la messe durant laquelle passion sera picquée la grosse cloche et ce par chalcune sepmaine et perpétuellement au jour du vendredy et après icelle messe se dira un *libera me* sur sa sépulture où il plaira à Dieu qu'il soit inhumé en ladite église ou bien devant le grand autel d'icelle, auquel lieu se dira et célébrera lad. messe. » Dans le cas où une fête tomberait le vendredi, la messe dite tiendrait lieu de celle fondée, et le curé ou le vicaire en toucherait le prix, à condition de dire la Passion et ensuite *Domine, non secundum peccata nostra*, avec le *De profundis* et la collecte, puis le *libera* après la messe. Il serait payé 4 écus par an par la fabrique, à laquelle il cédait divers contrats de rentes montant à 7 écus 52 sols 4 deniers, et il donnait encore 100 écus soleil en principal.

1601, 27 avril. « Army (Remy) Monnet, laboureur par devant le notaire royal soussigné (Nicolardot), résidant à Arc-sur-Tille, ledit n'aiant enfans procréés de son corps, frère, n'y sœurs, nepveux ny nièpces vivans, considérant qu'il n'est chose plus certaine que la mort, ny plus incertaine que l'heure d'icelle, ne voullant décéder de mortel monde sans avoir disposé de ce peu de biens et moyen qu'il a plu à Dieu luy donner, a fait et ordonné, faict et ordonne son testament et ordonnance de dernière volunté en la manière qui s'ensuyt.

» 1° Il a recommandé et recommande son âme à Dieu, à la benoiste et très sainte Vierge Marye, sa mère, à tous les saincts et sainctes du Paradis, priant ce bon Dieu, après qu'elle sera séparée de son corps, la voulloir collocquer en son sainct royaulme dudit Paradis.

» *Idem*, veut et ordonne sondit corps estre inhumé et enterré en l'esglise paroissialle mgr. Saint-Martin, au lieu et place ou feu Jehan Monnet, son oncle, luy vivant mareschal de ce lieu, a esté inhumé et enterré, qui est au coing du grand haultel devant le cyboire.

» *Idem* veut et ordonne après sondict décepts estre faicts pour le salut de son âme trois services en lad. église, le premier, le jour ou le lendemain de sondict décepts et enterrement, le second ou quarental après son décepts, le dernier et troisième service a l'an annual de sond. décepts, et à chascun service il soit dict et célébré dix messes, sçavoir quatre grandes à nottes et six petites ung chascun jour dudict service, s'il se treuve prebtre pour ce faire et au diffault de ce se diront lesd. messes la sepmaine prochaine après iceluy service avec grandes vigilles les veilles d'un chascun service pour lesquels et lesd. messes tant grandes que petites, il veult et ordonne estre payé aux prebtres qu'ils feront iceulx services et diront lesd. messes comme l'on a accoustumé faire et payer en cedict lieu et église d'Arc-sur-Tille par les exécuteurs de son testament cy-après nommés... »

Idem. Chaque dimanche pendant un an à commencer le dimanche qui suivra son décès un *libera* sera chanté sur sa sépulture, et on paiera ce qui se paie d'habitude.

Idem. Le jour ou le lendemain de son enterrement, on donnera à chaque femme, veuve, pauvre de la paroisse une demi-carteranche de blé, mesure de Dijon.

Idem. Il lègue a Remy de Vienne, fils de Nicolas et de Jeanne Lebrun, « son fillot » la somme de 40 sols, « afin d'avoir souvenance et mémoire de luy et prier Dieu pour le salut de son âme. »

Idem. Pour le salut de son âme, celles de ses père, mère, sœurs, oncles, tantes, neveux. nièces et autres parents et amis trépassés, il fonde une grand' messe du nom de Jésus, qui se dira chaque mercredi de septembre, et chaque dimanche et aux fêtes solennelles, on chantera un *Juxta corpus spiritus* à trois voix avec la collecte *Fidelium* à haute voix à vêpres « soulz les cloches de lad. église en retournant du salut qui se va dire les dictz jours devant l'imaige de la Sainte Vierge Marye en la chapelle d'icelle. » Le curé aura 5 sols pour la messe, 2 sols 6 deniers pour le *Juxta corpus*; le maître d'école et les autres chantres auront un sol.

« Et pour ce lègue dix-huit journaux de terres labourables avec environ cinq soitures et demye de prez, » mais sa femme Jeanne Pacquelet en conservera la jouissance sa vie durant, à condition de faire célébrer les fondations ci-dessus.

Pour d'autres frais, luminaires, etc. il lègue encore à la fabrique 5 quartiers de pré.

A sa femme, outre la jouissance de ces terres, il lègue ses biens meubles, une maison, la forge de son père, la moitié du meix qui est derrière.

Suit l'énumération des terres.

Sa femme devra faire mettre une tombe de pierre sur sa sépulture; on y gravera avec la date de son décès la fondation qu'il a faite.

Viennent ensuite divers legs à des cousins et un écu au soleil à ses exécuteurs testamentaires, amis et voisins Nicolas de Vienne et Antoine de Vienne.

1609. Fondation faite par Guillaume de Saulx au nom de sa femme Catherine Chabot ; nous l'avons citée précédemment.

En 1610, le 8 décembre Jeannette Chareau, veuve de Jean Simonnet, charbonnier à Arc. âgée d'environ 70 ans, fonde une messe de *Requiem*, qui sera célébrée le 9 décembre de chaque année. Elle donne 18 livres. Chaque messe sera payée 10 sols au curé et 2 sols au maître d'école.

1618. Claude Nicolardot, dit Badelot, laboureur, fonde une messe de *requiem* avec diacre et sous-diacre, et grandes vigiles et grand libera sur sa sépulture la veille de la fête des onze mille Vierges. Il donne deux tiers de soiture de pré et un quartier de terre

1619, Jacquette Bavouzet, fille de feu Simon, fonde un anniversaire d'une grand'messe a nottes à diacre et sous-diacre avec une grande vigile le jour précédent, collecte de *juxta corpus* au jour anniversaire de sa mort. Elle donne 2 journaux et un quartier et demi.

1627, Claudine Corberan, veuve de Claude Baillyot fonde un anniversaire, avec grand'messe, diacre, sous-diacre, grandes vigiles, *libera* ou *juxta corpus* : Elle donne 30 livres tournois.

1627, le 8 mai, Claude Caillot, laboureur, « après avoir invoqué Dieu à son ayde, a fondé et fonde annuellement et perpétuellement en l'église d'Arc-sur-Tille ung anniversaire d'une Grande Messe à nottes de l'office des mortz à diacre et sous-diacre », grande vigile la veille et un *libera*. Il donne une demi soiture de prè.

1628, 26 janvier. Edriette Rouyer, veuve de Jean Le Borgne, couvreur de loches (1) « recommande son âme à Dieu le Créateur, le supliant, après qu'elle sera séparée de son corps la recepvoir en son sainct Royaulme de Paradis.

» Veult et entend qu'il soit donné sépulture à son corps en l'Eglise dudit Arc-sur-Tille devant l'autel Saint-Eloy et proche ledit Le Borgne son mary, à laquelle église elle a fondé la fondation qui s'ensuyt :

» Assavoir qu'elle veult et entend qu'il luy soit dit et célébré perpétuellement en l'église dudit Arc-sur-Tille une messe à haulte voix qui se dira chacun mardy de chacune semaine tant pour elle que led. feu Le Borgne, son mary à commencer maintenant que son décès sera arrivé, la colecte du *libera* sur leurs sépultures, pour laquelle messe elle donne à la fabrique dud, Arc-sur-Tille la somme de 200 livres tournois. »

1630, 16 octobre. Pierre Seguin, boulanger à Arc, donne 30 livres pour une messe annuelle avec diacre, sous-diacre, collecte, un *libera* et grandes vigiles. « Il sera enterré dans l'église proche l'eau bénitié, soubs la tombe où est enterré Jean Bault. »

1630, 16 octobre. Claudine Challongnier, veuve de Philippe Seguin, boulanger, donne 60 livres. Son corps sera inhumé devant l'autel Sainte-Anne. Elle fait aussi des legs à la chapelle du Rosaire.

---

(1) La loche, nom vulgaire du carex, était produite en abondance dans les marais d'Arc-sur-Tille; on s'en servait pour couvrir les maisons. On s'en sert encore aujourd'hui pour recouvrir les chaises des campagnes.

1631, 23 mai. Jean Armerey, puiné, laboureur, par suite de la volonté de son père Pierre et de son frère Gaspard, fonde pour eux deux anniversaires. Il donne un journal en la Fourche.

1631, 29 juin. M⁰ Jean Grosbois ci-devant greffier en la justice fonde un anniversaire : grand'messe avec diacre et sous-diacre, grandes vigiles et libera. Il donne 6 quartiers de ses meilleures terres.

1632, 25 juin. Claudine Lebrun, veuve de M⁰ Antoine de Vienne, receveur de Mgr de Tavanes a donné 30 livres pour un anniversaire qui sera célébré le jour de la fête de saint Loup ; son fils, François de Vienne reconnaît devoir à l'église une rente de 37 sols 6 deniers.

1635, 31 juillet. Denis Caillot, laboureur, malade, et sa femme Prudence Henry se font donation de leurs biens meubles et usufruit des immeubles, à condition que le survivant élèvera leurs enfants selon leur condition, « ausquels enffans sera faict aprandre leur foy et créance, les envoyer aux petites écoles. » Ledit Caillot veut qu'après le décès de sa femme, tous les héritages acquis pendant leur communauté soient donnés à la fabrique à la condition qu'un anniversaire soit célébré pour son âme avec grandes vigiles à neuf leçons, grand'messe et *libera* sur sa sépulture.

1636, 19 décembre. Michelle Caillot, veuve de Jean Tristan, charron, lègue 120 livres à la fabrique pour un grand'messe avec grandes vigiles à neuf leçons « pour l'esprict de son mary », et une autre grand'messe et grandes vigiles pour elle, avec un libera sur leurs sépultures.

1637, Prudent Deschargey, laboureur, et sa

femme Jeanne Tristan fondent deux anniversaires.

1657, François Billot, domestique de M° G...
contrôleur général de l'artillerie de Bourgogne donne
une commandise (cheptel) de vaches à luy appartenant sur François Chareau, au capital de 60 livres,
à condition que son corps sera inhumé dans l'église,
proche la chapelle Notre-Dame, et qu'il aura un
anniversaire annuel avec grandes vigiles, messe
haute et un libera sur sa sépulture.

1661, 30 juillet. Jean Baillyot, fils de feu Martin,
laboureur et de Bonne Armerey donne à la fabrique
la moitié de 5 quartiers de terre, sis en Parvary et
en la Garenne : une messe annuelle avec vigiles à
trois leçons pour son âme et celle de ses parents.

1662, Janvier Bernard Verrey fonde un anniversaire
et donne 30 livres.

1672, 14 mars. Richard Armerey fonde une messe
le lendemain de saint Sébastien pour le repos de
l'âme de son père Claude Armerey, il donne un
journal.

1672, 26 mai. Denis Curot fonde un anniversaire
pour son beau-père Mamet Baillyot avec messe et
libera et donne des terres.

1641 et 1686. M. Guelaud, curé, dans un premier
testament, demande que sa sépulture soit proche
de celles de Messieurs Blanchard et Davet, précédents curés d'Arc. Il veut que ses héritiers lui fas-
sent dire une messe à tel jour qu'il décédera, soit
à l'église d'Arc-sur-Tille, si c'est possible, soit
ailleurs. Ils donneront le jour de son décès à 12
pauvres de la paroisse une demi-mesure de blé et
5 sols 6 deniers. Dans son second testament, il
donne à la fabrique un calice et une patène en

argent, une chasuble, une étole, une aube et autres ornements ; la maison où il demeure à présent, « grange, estable, cour, jardin, chenevière, place, sis proche l'église, tenant de soleil levant à Monsieur Estienne Denat, de couchant et de septentrion à Anthoine Devienne, de midy au sieur Denat, à à cause des enfants d'Anthoine Privet... à charge par la fabrique de faire dire chaque mois une messe de requiem pour le repos de son âme. »

1689, 28 avril. Jacques Goussard, procureur d'office, pour obéir aux intentions de feue Nicole Le Rouge, sa femme, donne à la fabrique la somme de 300 livres qu'elle lui doit, parce qu'il les avait avancées lors de la construction de la maison curiale. Il fonde 12 messes, 6 messes du Saint-Esprit et 6 messes de requiem pour le repos de leurs âmes et « encore pour celle de Marye de Brecht à présent femme dudit Goussard. On chantera aussi un grand libera toutes les fêtes solennelles à l'issue des vêpres sur la tombe de ladite Le Rouge, le curé aura 8 livres par an.

1698, 18 juin. Nicolas Goussard, malade. donne à la fabrique la rente du principal de 413 livres à lui dues par Bénigne Seurot, maréchal. Il sera dit 4 messes pour le repos de son âme, l'une le jour de son décès, les autres, quand il plaira au curé. Il laisse aussi 20 livres aux pauvres.

1707, 16 décembre. Jacques Voisey, charpentier, Richard Veronfle, habitant à la rente de... à Viévigne, pour sa femme Anne Voisey, Marie Voisey, veuve d'Antoine Huot, Jean Monet, laboureur, comme mari de Marguerite Voisey, tous héritiers de feu Claude Voisey et Jeanne Girard, leurs père et mère, et suivant leurs intentions, fondent une messe de requiem annuelle qui sera dite le 16 décembre pour le repos de leurs âmes, et ils donnent 30 livres à la fabrique.

1708, 8 juillet. Claudine Le Rouge, veuve de Richard Bonnouvrier, laisse 18 livres aux Pères Capucins, 12 livres aux Carmes, 20 livres à la fabrique d'Arc, 50 livres pour lui dire des messes le samedi de chaque semaine pendant deux ans. Elle déclare ne savoir signer.

1738, 28 décembre Jacques Brullebaut, tissier et marguillier et sa femme Marguerite Bourgeot, par actes du mois d'octobre 1709 et du 3 mars 1724 ont fondé, pour le repos de leurs âmes, deux grandes messes qui se diront l'une en janvier, l'autre en décembre, et deux messes basses. Le curé aura une livre pour les messes chantées et dix sols pour les messes basses.

1759. Demoiselle Michelle Lerouge ordonne que 200 messes seront célébrées pour le repos de son âme incontinent après son décès à la charge de son héritier, M⁰ Jean Lerouge, son frère, notaire à Arc-sur-Tille.

« Charge en outre la demoiselle testatrice son héritier de lui faire dire et célébrer après son décès annuellement et à perpétuité deux messes basses dans l'église dudit Arc-sur-Tille, l'une à tel jour que le décès de la testatrice et l'autre le jour ou la veille de saint Michel, son patron. »

« Donne et lègue à lad. église d'Arc-sur-Tille la somme de 30 livres payable par son héritier dans l'année de son décès, lad. somme pour parvenir à l'entretien de la chapelle de la Vierge. » (A. Dép., contrôle C. 7689).

1766, 3 août. Anne Barbarin, veuve de François Chaussard, marchand à Dijon, Pierre Maître, l'aîné, manouvrier à Arc et Marie Guillemin, sa femme, veulent fonder une messe haute avec bénédiction le jour de sainte Anne, et une messe haute de requiem le 1er septembre de chaque année. Ils ont fait accord avec M. Sébastien Bizot, curé, Philibert Fournier et Jean Curot, fabriciens. Pierre Maître et sa femme s'engagent à payer chaque année une rente de 5 livres, hypothéquée sur leur maison. La messe de Requiem sera pour le repos de l'âme de François Chaussard. Le curé recevra 50 sous ; le reste sera à la fabrique.

1774, le 19 mars. Mademoiselle Charlotte Bizot, donne 100 livres à la fabrique pour la fondation de deux messes hautes pour l'âme de son frère, M. l'abbé Sébastien Henri Bizot, décédé curé d'Arc-sur-Tille. (Archives départementales, C. 7679).

Nous voyons que les fondations sont faites soit par une donation de terres, soit par une cession de rentes, soit moyennant une somme d'argent une fois donnée. Ces dons d'argent étaient placés en fonds de terre et nous constatons en effet que la fabrique acquiert souvent des terres.

Ainsi en 1503, Etienne Tristan cède à la fabrique une pièce de terre qu'il avait acquise en 1496 de Thibaut Nicolardot, moyennant 3 livres et demie et trois gros. Elle était sise en Accy.

En 1526, Jehan Colas, en son nom et au nom de ses frères et sœur vend deux journaux et demi en Forêt moyennant 14 francs et demi et 14 blancs pour les vins du marché à Humbert Bailliot qui en 1533 les cède à la fabrique.

Les donations d'Etienne Tristan et de Humbert Bailliot supposent sans doute des fondations, mais elles ne sont pas indiquées.

En 1525, la fabrique acquiert, moyennant 15 livres, un quartier de terre sis en Arrêt.

En 1541, Jehan Boulée, fils d'André Boulée constitue à la fabrique une rente annuelle de 4 carteranches de froment.

En 1544, la fabrique acquiert de Jean Jacquelin et de Driette, femme de Viennot Marriglier moyennant 7 livres 10 sols, une pièce de 3 quartiers sise en Champoran.

En 1548, acquisition d'un quartier sis en la Fouchière moyennant 30 s. tournois et 6 s. pour les vins.

En 1572, acquisition de 5 quartiers de terre en Cerbricon (le Creux Bricon), un demi quartier et demi en Chatain, un quartier aux Fontenottes, un quartier et demi en Forêt, un autre quartier et demi au même lieu, un quartier et demi en Chézault, un quartier et demi en Menessard.

En 1573, Théodore Richardot vend à la fabrique un demi-journal ès Fourches, un demi-journal en Champ Rond, un quartier et demi ès Arbuottes (Herbuottes), un quartier et demi en l'Aige au faisan, pour 33 livres, et dix sols pour les vins.

La même année, Jehannette Picquet, veuve de Jacques Brullebaut et Jean Brullebaut, son fils, vendent un quartier de terre en l'Aige Finotte, moyennant 100 sols tournois.

En 1582, acquisition de 7 quartiers de prés sis en la Crotée et en Gormerault.

En 1585, Thoinette Bailliot, femme de Jean Richardot donne une moitié de cinq quartiers sis en Salière.

En 1741, Pierre Devienne lègue 100 livres à la fabrique.

Ces donations et ces nombreuses fondations, et nous sommes loin sans doute de les avoir toutes citées, avaient enrichi la fabrique de l'église d'Arc-sur-Tille, comme nous l'avons dit. L'énumération de ces fondations paraîtra sans doute bien monotone ; mais nous avons tenu à citer tous ces noms, noms de seigneur, de prêtres, de bourgeois, de laboureurs, d'artisans, de manouvriers, qui ont attesté ainsi leur foi chrétienne, en faisant prier pour eux. Tous croyaient faire une fondation perpétuelle, mais les révolutions politiques et la diminution de la foi en ont décidé autrement.

Ils eurent aussi leurs travers, leurs faiblesses, leurs vices peut-être ; un jour nous les étudierons à ce point de vue si la continuation d'une vie déjà bien avancée nous le permet ; mais avec leur foi simple et naïve, leur assistance régulière aux offices des dimanches et des fêtes, la célébration de leurs fêtes de corps, comme la Saint-Eloi, la Sainte-Barbe ou la Sainte-Elisabeth, la Saint-Nicolas, leurs nombreuses réunions de famille où jeunes et vieux s'égayaient sainement, nous nous demandons s'ils ne vivaient pas plus heureux que nous qui avons abandonné tous ces pieux usages, et qui nous vantons d'être plus instruits, plus éclairés qu'eux, et de vivre d'une liberté qu'ils n'ont pas connue, ce qu'il faudrait encore démontrer.

CHAPITRE V

LES DERNIÈRES ANNÉES DE L'EGLISE

Dans *Arc-sur-Tille, la Révolution*, nous avons raconté les faits qui s'étaient passés à l'église ; pour être complet, nous y reviendrons brièvement.

Il n'y avait pas de maison commune ou, comme on disait alors, de maison rectorale à Arc-sur-Tille. On n'a pensé à en construire une que peu avant la Révolution, et le projet n'avait pas encore eu de suite : le recteur d'école se logeait comme il pouvait. C'est sur la place de l'Eglise, autrefois sous le chêne de Lauterot, ensuite près de la Croix de Mailly que se tenaient les réunions de la Communauté. Les procès-verbaux des délibérations étaient rédigés sur des feuilles volantes et joints aux affaires mises en délibération où on les retrouve quelquefois. Aussi les pièces d'archives qui devaient être conservées, les titres de la communauté étaient déposés dans un coffre à la sacristie de l'église, et ce même coffre recevait aussi les titres et l'argent de la fabrique. L'église était donc bien le centre de la Communauté : c'est devant l'église, au son de la cloche et après un avertissement donné au prône, que les habitants se réunissaient pour délibérer ; c'est là aussi et au meix au Guipet attenant au cimetière que se tenaient les Grands Jours. L'église et son voisinage servaient donc à la fois de mairie et de salle d'archives. Aussi ne faut-il pas s'étonner

si notre premier drapeau, le drapeau de la Fédération que nous avons conservé, a été d'abord déposé
dans la sacristie. Il avait d'ailleurs été bénit solennellement à l'église le 3 juin 1790, jour de la Fête-
Dieu.

Au début de la Révolution, l'église et les idées religieuses étaient restées en honneur : les habitants
avaient conservé leurs anciennes habitudes de foi et
de piété. Ainsi le 27 juin 1790, le conseil gënéral de
la commune décidait que les officiers municipaux
occuperaient à l'église des places d'honneur : cinq
fauteuils leur seraient réservés au chœur et un à la
tribune pour y surveiller les jeunes gens qui s'y
tenaient et les empêcher de faire du bruit.

Le lendemain 28, avait lieu à Dijon l'élection des
députés du district à la Fédération de Paris. A Arc-
sur-Tille, ce même jour, la messe fut célébrée pour
demander la tranquillité de l'état et la conservation
des jours du roi. La municipalité, la garde nationale
et tous les habitants y avaient assisté, et, le soir, ils
s'étaient réunis sur la place publique pour renouveler le serment fédératif. Lorsque le serment eût
été prêté, tous les assistants chantèrent en chœur,
sur la place même, un *Te Deum* d'actions de grâces.

Et cependant on avait déjà réquisitionné les biens
ecclésiastiques ; la vente en était commencée.
C'était, avec la constitution civile du clergé, une
grave atteinte portée aux prérogatives de l'Église,
et un mépris marqué à la discipline ecclésiastique
et au respect dû à la religion.

D'après l'ordre du district, on dut faire l'inventaire des biens de la fabrique, mobilier, argenterie,
cloches, etc. Le vieux coffre fut ouvert en présence

des autorités municipales. On y trouva 1712 livres, et tous les titres de la communauté et de la fabrique. Tous les documents furent retenus par la municipalité, et le trésorier de la commune, Richard, malgré les protestations du curé, s'empara des clefs du coffre où était resté l'argent de la fabrique.

Ces faits se passaient le 23 janvier 1791, et ce même jour le curé Terguet ayant prêté le serment constitutionnel était devenu un curé assermenté.

Le 14 juillet 1791, anniversaire de la fête de la Fédération, le corps municipal se rendit à la messe qui fut chantée pour le succès de nos armées, l'humiliation des ennemis de la patrie et l'exécution des décrets. Après la messe, on se rendit au champ de Mars, c'est-à-dire à la place de la Liberté et on renouvela le serment fédératif.

Le dimanche 14 août, quelques jeunes gens quittèrent l'église pendant la messe pour aller jouer aux quilles. La municipalité s'en émut, prit des mesures pour éviter le retour d'un pareil scandale et rendit responsables les teneurs de jeux de quilles. Et, l'année suivante, dans un règlement de police arrêté par la municipalité, ont lit cet article : « Il est ordonné à tous citoyens de se comporter avec décence dans l'église. Défenses leur sont faites d'y causer, rire, ny troubler en manière quelconque l'office divin. Il est défendu notamment aux citoyens d'y apporter des armes. »

On voit donc qu'officiellement le parti dirigeant était resté religieux. Qu'avait-on pensé de la prestation de serment du curé ? Avait-il perdu quelque crédit ? Nous ne le croyons pas. On n'avait pas dû comprendre ce qu'était ce serment et on avait dû le regarder comme une simple formalité. Mais ilest sûr que le curé s'était fait des ennemis, et la Société populaire qui s'était fondée et qui s'était mise en rapport avec les clubs des Jacobins, allait pousser à l'irréligion. D'ailleurs les pouvoirs publics, après avoir dépouillé les églises, après avoir créé une église française schismatique, allaient bientôt établir des cultes fantaisistes, un culte de la Raison, un culte de l'Etre Suprême. Notre municipalité devait les suivre. En attendant, elle s'immisça de plus en plus dans la police intérieure de l'église, voulut disposer des bancs et distribuer des places aux assistants, comme ayant la régie des biens de la fabrique, exigea les comptes des confréries, voulut supprimer l'une des trois cloches pour l'envoyer à la monnaie, puis, sans consulter le curé, comme semblait le vouloir le décret du 10 septembre qui prescrivait d'envoyer à la monnaie l'argenterie des églises inutile au culte, elle dressa la liste des objets qui seraient envoyés et, parmi ceux-ci, un petit ciboire qui servait à porter la communion aux malades. Le curé eut beau protester: les objets désignés durent être portés à la mairie. La paroisse cependant était exaspérée ; des troubles avaient commencé le 19 octobre ; ils continuèrent le 20 et le 21 ; le 22, ce fut une émeute. Le village s'était assemblé au son de la cloche. A la tête des manifestants, étaient Adrien Mongin et deux femmes Marguerite Tellecey, veuve Lacroix et Marguerite Lacroix, sa fille. La foule se porta à la commune, se fit livrer l'argenterie qui y avait été enfermée et la reporta à l'église.

Nous avons raconté tous ces faits plus au long et le procès qui en fut la suite dans notre petit volume de la *Révolution à Arc-sur-Tille*. Nous y renvoyons le lecteur (1).

Le curé avait été arrêté, mais le jury d'accusation déclara qu'il n'y avait pas lieu de le poursuivre et il fut libéré.

C'est à cette même époque, le 16 octobre, que les registres de l'état civil furent enlevés au curé ; dorénavant ils seraient tenus à la mairie par un officier public. Il est probable qu'on continua à rédiger des actes de l'état religieux, mais ils ont disparu, du moins nous n'en trouvons point avant 1803.

Les ennemis de Terguet ne cessaient leurs dénonciations contre lui ; ils réussirent à le faire arrêter de nouveau le 21 avril 1793, ainsi que le notaire Joannet.

Mais le conseil général de la commune, sur les réquisitions du procureur de la commune Jean Verrey, fit une pétition aux commissaires de la Convention à Dijon pour demander leur mise en liberté. Pour ce qui concerne Terguet, les membres du conseil déclarent « qu'il a toujours prêché la paix, l'obéissance aux lois, et qu'il a exercé les fonctions de curé avec la plus grande exactitude. Nous déclarons enfin, disent-ils, que tous nos vœux ainsy que ceux des citoyens que nous représentons se réunissent pour prier les citoyens commissaires de la Convention et le département de nous renvoyer le citoyen Terguet pour exercer les fonctions du culte catholique dans cette commune. »

Bourdon, l'un des commissaires, accueillit cette

____

(1) Il nous reste encore quelques exemplaires de cet ouvrage ; nous le tenons à la disposition de ceux qui voudraient l'acquérir.

pétition et ordonna la mise en liberté des deux prisonniers

Ils furent accueillis à Arc-sur-Tille par une allégresse générale ; il y eut des danses publiques ; on carillonna les cloches pendant trois jours ; on conspua, on injuria les membres de la Société populaire. Ceux-ci firent de nouvelles plaintes, dans lesquelles ils déclarèrent illégale la libération des deux prisonniers, qui avait été ordonnée par un seul commissaire. Ils firent si bien qu'une nouvelle enquête fut prescrite. Tandis qu'elle avait lieu, le procureur Jean Verrey proposa de retirer toutes les accusations de part et d'autre, et d'oublier les haines et les divisions. Un semblant de réconciliation eut lieu entre les partis, et les deux principaux adversaires Calignon et Joannet s'embrassèrent. Mais c'était un baiser Lamourette : les dénonciations de la Société populaire recommencèrent presque aussitôt ; un nouvel enquêteur fut envoyé à Arc. Les conclusions furent contraires à Joannet et à Terguet, et l'accusateur public ordonna de nouveau leur arrestation qui eut lieu le 5 et le 6 octobre 1793.

Nouvelle pétition du conseil général de la commune en leur faveur Pioche-Fer Bernard fait ramener Terguet à Arc-sur-Tille pour y être jugé par le juge de paix. Il fut jugé et acquitté le 9 germinal an II (30 mars 1794). Mais dès le 16, sur plainte du comité de surveillance, il était arrêté de nouveau et devait resté emprisonné jusqu'au 12 ventôse an 3 (22 février 1795).

L'église, privée de son curé, n'avait plus vu célébrer d'offices religieux. D'ailleurs les plus mauvais jours étaient arrivés : la Terreur régnait en France.

Le 5 frimaire an II (26 nov. 1763), les représentants du peuple en mission avaient ordonné la démolition des croix qui s'élevaient en dehors des églises. Il y avait eu jadis de nombreuses croix à Arc-sur-Tille : nos ancêtres aimaient à voir partout le signe du salut. Il y avait une croix aux Carres, une au-dessus des Aiges, une en Champiaut, une aux meix du Moulin-Lajus. Ces croix devaient être en bois et elles auront été détruites à cette époque ou même postérieurement ; elles figurent encore sur un atlas de 1783 du fonds de Saulx aux Archives départementales.

Il y en avait trois au village même ; elles étaient en pierre. C'était la croix du cimetière, la croix de Mailly devant l'église et la Belle-Croix, place de l'ancienne église. Le conseil général décida l'enlèvement de ces croix ; l'entrepreneur devait les démolir sans en briser les pierres. Ne faut-il pas voir dans cette préoccupation l'espoir secret de les restaurer un jour ? Hugues Bourrelier se chargea de cette démolition moyennant 10 livres. Quelques jours après, le nouveau procureur de la commune, Jean Guillemin, prétendant que ces pierres encombraient les rues, proposa de les vendre. Nul n'osa s'y opposer. Elles furent mises aux enchères le 27 frimaire : Marchant de Corbeton acheta la Belle-Croix pour 22 livres et la croix du cimetière pour 27 livres ; il se vanta que c'était pour faire des auges à ses cochons. Pierre Saint-Rapt, un maçon limousin, marié à Arc-sur-Tille et plus tard condamné au pilori et à la prison pour vol qualifié commis chez Girardot, acheta la croix de Mailly pour

80 livres. Nous ne pouvons que déplorer la destruction de ces pieux monuments, dont l'un avait vu pendant plusieurs siècles les réunions de la Communauté d'Arc-sur-Tille.

Cependant sous la pression de Chaumette et de la Commune de Paris, la Convention traitait le catholicisme de culte contre-révolutionnaire et supprimait le traitement des curés assermentés, car les curés non-assermentés en étaient privés depuis leur refus de serment. Un groupe d'*athées révolutionnaires* prétendait établir un nouveau culte, celui de la raison. A sa tête, Anacharsis Clootz déclarait qu'il n'y avait d'autre Dieu que la nature. On vit des curés venir à la barre de la Convention et faire une apostasie publique ; l'évêque constitutionnel de Paris, Gobel, vint lui-même déclarer qu'il n'y aurait plus désormais de culte que celui de la liberté, de l'égalité et de la vérité, et qu'il renonçait au culte catholique. Les commissaires de la Convention devinrent dans les provinces les missionnaires du nouveau dogme. Dijon céda aux ordres de Pioche-Fer Bernard qui écrivait le 7 ventôse an II : « Ici plus d'églises, plus d'évêque, plus de prêtres : le Temple seul de la Raison et les discours patriotiques suffisent aux Dijonnais. »

Le conseil général de la commune d'Arc-sur-Tille devait suivre ce mouvement. Le 30 pluviôse, il prit un arrêté qui supprimait les exercices du culte catholique.

« Le Conseil général de la Commune d'Arc-s-Tille,

» Considérant que tout culte public est plutôt une injure qu'un hommage rendu à la Divinité qui n'a besoin ni de génuflexions ni d'offrandes ;

» Que tout culte public est l'aliment de la superstition et du fanatisme ;

» Que le culte catholique est diamétralement opposé à l'esprit de républicanisme qui doit animer tout français :

» Arrête à l'unanimité :

» 1° Qu'il renonce à tout culte public.

» 2° Que dès cet instant il se transportera à l'édifice qui servait au culte pour le transformer en temple de la Raison et que l'inauguration en sera faite sur le champ.

» 3° Que la société populaire sera invitée à tenir ses séances dans cette édifice à commencer aujourd'hui, au lieu de la salle de la Maison commune qui lui avait été concédée.

» 4° Qu'extrait de la délibération sera envoyé au représentant du peuple Bernard actuellement à Dijon avec celui du procès-verbal d'inauguration.

» 5° Que le représentant sera prié faire jouir sur le champ et provisoirement la municipalité de l'emplacement de la paroisse et du presbytère de cette commune, en exécution du décret du 25 brumaire dernier, qui porte que les presbytères et paroisses situés dans les communes qui auront renoncé au Culte public, ou leur produit, seront destinés au soulagement de l'humanité souffrante et à l'instruction publique ; en conséquence la municipalité demeure autorisée à concéder à la société populaire l'édifice de la ci-devant église pour le lieu de ses réunions et pour les prédications de la morale, et qu'elle demeure pareillement autorisée à disposer de l'emplacement du presbytère soit pour le soulagement des pauvres de la commune, soit pour l'instruction publique.

» Et de suite tous les membres du conseil général se sont rendus dans l'édifice de la cy-devant Eglise d'où les autels et autres objets de culte avaient été enlevés. On a publié à haute voix la délibération qui précède ; on a fait l'inauguration de cet édifice. On l'a nommé Temple de la Raison et on a lu les derniers bulletins de la Convention, la lettre dudit Bernard, et un nombre considérable d'habitans de l'un et de l'autre sexe présents à la cérémonie y ont applaudi par les cris mille fois répétés de Vive la République ! »

Les signataires de cette délibération sont Martin Maître, Simon Meulnotte, Charles Curot, Philibert Fournier, Hugues Bourrelier, Nicolas Daleth, Bénigne Mongin et Jacquemard.

Nous n'avons pu trouver le procès-verbal de l'inauguration du Temple de la Raison ; mais nous savons par la tratition que la cérémonie fut complète : une déesse Raison flanquée de deux acolytes figura sur l'autel. La tradition a conservé les noms de ces trois femmes ; nous hésitons pourtant à les nommer, parce qu'aucun document écrit n'est venu nous confirmer la tradition. De plus nous croyons que l'une des trois femmes qu'elle désigne n'habitait pas encore Arc-sur-Tille.

Ce n'est pas que nous vouions à l'ignominie ces malheureuses femmes ; car elles cédaient plutôt à la peur et à l'ignorance qu'au mépris de la religion et du nom de Dieu. Elles méritent surtout notre pitié.

Ces cérémonies païennes célébrées dans toute la

France, avaient soulevé un profond dégoût. Robespierre le comprit et il essaya d'apaiser l'opinion en substituant au culte de la Raison le culte de l'Être Suprême.

Le 20 prairial (9 mai 1794), le conseil général de la commune, le comité de surveillance, la garde nationale et plusieurs membres de la Société populaire se réunirent dans la maison commune et se rendirent avec un grand nombre d'habitants au Temple consacré à l'Être Suprême. Des affiches apposées aux portes de l'édifice indiquaient le but de la cérémonie. Tous les citoyens portaient des bouquets d'épis de blé, des fleurs, des branches de chêne. Un discours fit connaître le sujet de la fête ; un autre discours fut une leçon de morale. Ensuite on se transporta au champ de la liberté, et au pied de l'arbre de la Liberté, une invocation fut faite à l'Être Suprême, et on renouvela le serment de maintenir la liberté, l'égalité, l'unité, l'indivisibilité et la démocratie de la République.

Les procès verbaux de ces fêtes sont peu explicites en général, mais ils se terminent tous en signalant les applaudissements unanimes des assistants. Ces assistants étaient-ils si nombreux ou si enthousiates des idées nouvelles ? Nous avons déjà vu les émeutes provoquées par l'enlèvement de l'argenterie de l'église, le retour triomphal du curé Terguet après sa libération. Jean Guillemin, l'agent national de la commune dénonce un autre incident significatif.

Le 4 ventôse, un rassemblement s'était formé dans le Temple de l'Être Suprême. 80 femmes ou jeunes filles, à la tête desquelles Pierrette et Michelle Bourgeot, filles de Martin Bourgeot, maréchal, et Marie

Clopin, fille d'André Clopin s'étaient réunies dans l'église désaffectée. Elles chantèrent l'*Ave*, le *Stabat Mater*, et « plusieurs hymnes fanatiques et contre-révolutonnaires », et elles récitèrent le chapelet. Des hommes qui les avaient accompagnées se tenaient à la tribune, tête nue et semblaient applaudir.

On avait aussi interdit les sonneries religieuses; malgré cette défense, Devienne, fils de la veuve Devienne et Germain Devienne fils de Jean, sonnèrent les cloches pour annoncer la mort du fils de Nicolas Mongin.

Cependant la loi du 11 prairial avait autorisé l'exercice du culte catholique. En vertu de cette loi, Terguet qui avait été rendu à la liberté, déclara, le 3 messidor an III, qu'il était prêt à reprendre ses fonctions en se conformant aux lois de la République, et en se contentant du secours que lui avait accordé la Convention.

Le 25 fructidor, il se présenta de nouveau au greffe de la municipalité et déclara qu'il se proposait d'exercer, dans l'étendue de la commune, le ministère d'un culte connu sous la dénomination de culte catholique, apostolique et romain. Il demandait qu'on lui donnât acte de sa soumission aux lois.

Il est probable qu'il reprit alors ses fonctions; car, le 29 fructidor, les électeurs du canton ayant été convoqués à Arc-sur-Tille pour donner leur avis sur la Constitution de l'an III, avaient voulu se réunir à l'église, comme cela s'était fait pour la réunion de l'assemblée primaire précédente, mais Terguet s'y opposa en disant que l'église avait été déjà assez souillée et profanée, et la réunion se fit à la maison commune.

En outre le registre des délibérations cantonales nous apprend que le 6, le 9 et le 16 prairial an V on a sonné la cloche à Arc-sur-Tille pour appeler les fidèles à la messe et pour annoncer l'élévation. Il en est de même à Couternon où on la sonne journellement, soit pour indiquer l'heure des offices, soit pour annoncer les moments les plus solennels des cérémonies religieuses, comme l'élévation, la bénédiction ; on la sonnait aussi pour les baptêmes, les mariages et les enterrements, ce qui était interdit.

Pour empêcher un pareil crime, l'administration cantonale décida que les clefs des clochers et des églises d'Arc et de Couternon seraient remises à l'agent civil qui ne se dessaisirait de celle de l'église que pour les assemblées du culte, et entre les mains de personnes qui ne puissent en abuser.

Une nouvelle loi du 19 fructidor an V exigeait de tous les fonctionnaires, y compris les curés, le serment de haine à la royauté. Terguet dut cesser encore une fois ses fonctions ; il ferma l'église et en remit les clefs à l'agent de la commune, mais en même temps il demandait à l'administration municipale de recevoir son serment. Comme il était accusé publiquement d'avoir rétracté son premier serment, ce qui d'ailleurs était exact, quoiqu'il le niât, l'administration fit une enquête dont nous avons donné les conclusions dans notre histoire de la Révolution à Arc-sur-Tille, page 102 et suivantes. L'administration fut d'avis qu'il devait être autorisé à prêter le serment, ce qu'il fit le 10 octobre 1797. Mais son ennemi personnel protesta aussitôt auprès des autorités départementales et nous ne savons pas si l'église fut rouverte avant le Concordat. A cette époque, Terguet, réconcilié avec l'Église, fut nommé curé de Lantenay : mais il préféra quitter le diocèse : des amis qu'il avait à Paris lui ménagèrent la faveur de Mgr Charrier de La Roche, évêque de Versailles, qui le nomma curé de Fontenay-le-Fleuri, puis du Chesnay où il mourut en 1815.

Nous ne trouvons plus de curé à Arc-sur-Tille avant 1803 et nous ne savons pas si l'église fut rouverte avant cette date.

Elle était d'ailleurs presque en ruines.

Dès le 3 août 1798, les propriétaires forains d'Arc-sur-Tille adressaient une requête à l'intendant. Ils lui exposaient que les murs de la nef surplombaient par suite de l'état de la toiture, et cependant l'église ne semblait pas annoncer un dépérissement total, mais les réparations étaient urgentes, sans quoi la ruine serait irrémédiable et les forains seraient astreints à une reconstruction totale ; la communauté cependant restait dans la plus dangereuse indolence. Ils demandaient donc à l'intendant de contraindre les habitants à faire les réparations nécessaires.

L'intendant chargea l'ingénieur Antoine de visiter l'église et de préparer le devis des travaux à y faire. Ce devis fut établi et s'éleva à 953 livres 10 sols 8 deniers. Il nous donne encore certains détails sur l'église. La nef formait un carré long de 47 pieds de longueur sur 27 pieds 6 pouces de largeur, l'élévation des murs était de 18 pieds. Une tribune était au fond de l'église au bas de la nef ; un porche de 15 pieds de saillie et de 6 pieds de large y donnait accès. La chapelle Saint-Nicolas avait 16 pieds carrés, la chapelle Notre-Dame, 64 pieds carrés ; 6 vitraux s'ouvraient dans la nef et un dans la chapelle

Saint-Nicolas. Le plafond de la nef était en bois et cintré.

Les habitants furent convoqués le 15 mai 1780 pour être mis au courant de la situation et décider les réparations. Dans leur délibération ils adressent d'abord des remerciements ironiques aux forains. « Il est heureux, disent-ils, que des forains vigilants les rappellent à leur devoir et à penser à ce que la religion exige d'eux » ; mais ils espèrent que leurs observations diminueront les inquiétudes des forains : les réparations de la chapelle Notre-Dame n'incombent ni aux habitants, ni aux forains, mais au chapelain Julien ; celles de la chapelle Saint-Nicolas sont à la charge du seigneur à qui appartient cette chapelle, comme le prouvent les armes des Mailly qui sont à la clef de voûte ; les comtes de Tavanes ont succédé aux droits des Mailly et d'ailleurs, dans le caveau qui est sous la chapelle reposent plusieurs membres de leur famille dont le dernier inhumé est le commandeur de Tavanes. Ils consentent donc à la mise en adjudication des travaux, sous réserve de leurs obser-vations. Elles furent écoutées. L'adjudication fut faite pour 940 livres à Jean Thevenin, charpentier à Arc-sur-Tille. Mais quand les travaux commencèrent, on s'aperçut que la charpente était en très mauvais état ; l'architecte l'avait prévu et avait fait des réserves. Un devis supplémentaire porta la dépense totale à 2103 livres 17 sols, dont il fut convenu que les habitants paieraient le tiers ; les forains, le chapelain et le seigneur devaient payer les deux autres tiers.

Mais ces réparations ne pouvaient sauver l'église.

Dès le 27 germinal an II, le conseil municipal en avait demandé la démolition attendu « que l'église ou le bâtiment destiné au culte est dans un état de ruine effrayant, que malgré les précautions qui ont été prises de l'étayer en plusieurs endroits, le dépérissement en augmente chaque jour et qu'il est à craindre que la plus grande partie de la nef ne s'écroule au moment où l'on s'y attendra le moins ».

On dut enlever la voûte et le toit, il ne restait donc plus que le clocher, le chœur et les deux chapelles latérales. En 1806, le clocher penchait visiblement ; il fallut descendre la cloche et l'horloge, et le démolir. L'horloge fut déposée à la mairie, et un clocher en bois construit dans le cimetière put recevoir la cloche.

Dès la réouverture des églises, le conseil municipal se préoccupe de reconstruire celle d'Arc-sur-Tille. Chaque année, les délibérations en font mention. En 1810, le 25 novembre, le curé Baulieu écrit une lettre pour en hâter la reconstruction. « Cette église des plus anciennes, dit-il, bâtie par des moines dont on n'a mémoire, menaçait ruine depuis très longtemps, en sorte qu'on se trouva forcé, il y a une douzaine d'années d'abattre la voûte de la nef et de découvrir cette partie dans la crainte d'un péril imminent ; quelque temps après le clocher penchant visiblement, il fallut en prévenir la chute en le mettant bas ; il ne resta que le chœur et deux chapelles collatérales pouvant à peine contenir le tiers de la paroisse composée de 1100 individus. »

L'année suivante, le Conseil municipal reprend les observations du curé et ajoute que la voûte du chœur peut manquer à l'improviste, que le grand vitrail qui occupe toute la largeur du chœur se détache par parcelles. « Considérant, ajoute la délibération, que pour les bonnes mœurs une église est indispensable, qu'Arc-sur-Tille a été un chef-lieu et que la population est considérable et s'élève à près de 1100 individus, » le conseil décide la reconstruction, et les habitants consultés assurent qu'ils sont prêts à faire tous les charrois nécessaires pour l'adduction des matériaux.

Un devis fut dressé, l'adjudication même des travaux eut lieu ; mais les invasions de 1814 et de 1815 épuisèrent les ressources de la commune, et la reconstruction fut retardée de plus de dix ans.

Nous avons vu que, lors de la démolition du clocher, la cloche, l'unique cloche dut être descendue, mais elle était fêlée. Il fallut la refondre.

Il n'est parlé qu'une fois de cloche dans les documents que nous avons compulsés. En 1585, le 8 avril, Thoinette Baillyot, femme de Jean Richardot, le jeune, laboureur, donne la moitié de cinq quartiers de terre, sis en Salière, « pour le don d'avoir *tenu* une cloche naguère fait dans icelle église. » Ses héritiers avaient la faculté de reprendre cette terre en donnant cinq écus soleil. Nous ne savons donc pas comment ni à quelles dates furent acquises les trois cloches qui existaient en 1789.

La refonte de la dernière cloche fut faite en 1816 ; les frais s'élevèrent à 1524 fr. 63. La cloche était garantie trois ans et pesait 750 kilogrammes. Elle fut baptisée le jeudi 19 décembre et nommée Bernarde, du nom de la marraine Mme Bernarde Edmée Genot, femme de M. Charles Gaulot, notaire à Dijon et propriétaire à Arc-sur-Tille ; le parrain fut M. Gérard Lardillon, contrôleur de la poste aux lettres, propriétaire et conseiller municipal d'Arc-sur-Tille.

Dès l'année suivante, cette cloche était fêlée. Elle fut refondue et le poids en fut porté à 1000 kilogrammes. Ce fut encore 1500 fr. de dépense environ. La nouvelle cloche fut baptisée le 20 mai 1819 par l'abbé Claudon, curé de Remilly, qui desservait Arc-sur-Tille. Elle reçut les noms de Michelle-Henriette. La marraine avait été Mlle Michelle-Henriette Lerouge et le parrain, M. Girard Lardillon.

Les parrain et marraine de la première cloche avaient donné à l'église quatre flambeaux argentés ; cette fois, ils donnèrent un ornement vert et une nappe d'autel.

Nous verrons quand nous écrirons l'histoire de la troisième église que cette cloche ne devait guère durer plus que la première.

CHAPITRE VI

La séparation de la chapelle de Bressey

Nous avons vu que, d'après les bulles qui concédaient l'église Saint-Martin d'Arc-sur-Tille aux chanoines de Saint-Étienne, la chapelle de Bressey était une annexe de l'église d'Arc.

La bulle du pape Calixte II nomme l'église avec ses dépendances *cum appendiciis suis*, sans préciser quelles sont ces dépendances.

Celle d'Innocent II nomme l'église avec le cimetière et ses dépendances.

Enfin celle d'Adrien IV ne parle plus des dépendances ; elle nomme l'église, le cimetière et la chapelle de Bressey, *ecclesiam Sancti Martini de Arco cum cimeterio et capella de Bruceio*. Ces dépendances de l'église d'Arc-sur-Tille sont donc bien le cimetière de cette église et la chapelle de Bressey.

Nous avons dit que l'abbé Fyot dans son histoire de l'abbaye de Saint-Étienne, voulant expliquer pourquoi la chapelle de Bressey n'est pas citée dans la première bulle, suppose qu'elle n'était pas encore bâtie. Ce n'est pas notre avis. La villa ou, si l'on veut, le village de Bressey, existait dès le VIe siècle ; il est peu probable qu'il ait attendu cinq siècles pour avoir une chapelle.

Quoi qu'il en soit, il semble bien que, dès l'origine, la chapelle de Bressey fut desservie par le curé d'Arc-sur-Tille. Cette desserte était très difficile à l'époque des grandes eaux : un vaste marais s'étendait alors au sud d'Arc-sur-Tille et rendait presque impossibles les communications avec les villages de cette région (1).

Les eaux étaient d'autant plus abondantes que les marais des Tilles n'étaient pas encore desséchés et que l'écoulement devait en être très lent.

Aussi est-il probable que, malgré le zèle que purent montrer les curés d'Arc-sur-Tille, la desserte de Bressey fut fort irrégulière, et les habitants durent être fréquemment privés des secours religieux.

Le premier document que nous trouvons sur ce fait est relativement récent : il est de 1586.

A cette date, Anne Cothier, dame de Bressey, femme d'Olivier de Pontailler, réfuse de payer la dîme. Elle donnait pour raison que la dîme de Bressey, rendant de 50 à 60 émines (2), était destinée au service religieux. Or depuis sept à huit mois, il n'y avait eu que trois messes à Bressey, « les habitans malades decédans sans que les sainctz sacremens tant de confession, réception du corps de Nostre-Seigneur et que extresme-onction leur soient administrez, tellement qu'ils déceddent comme bestes bruttes ; les eufans aussy déceddent sans recepvoir le Saint Sacrement de baptesme, qui est un désastre très grand et charge de conscience irréparable (3).

Cependant une sentence de Quarré, conseiller au

______

(1) Nous rappélons qu'en 1789, lors de l'assemblée des communautés qui se tint à Genlis le 25 janvier, les délégués d'Arc-sur-Tille ne purent s'y rendre à cause des eaux qui recouvraient tous les chemins.

(2) L'émine valait dix doubles décalitres.

(3) Archives de la Côte-d'Or, G. 330.

Parlement, maintint l'abbaye de Saint-Etienne, et les curés de Bressey et d'Arc-sur-Tille au droit de lever la dîme, nonobstant l'opposition d'Anne Cothier.

Sur les 50 ou 60 émines de la dîme de Bressey, le tiers seulement était réservé au desservant ; le reste allait à l'abbaye de Saint-Etienne, comme nous le verrons dans le débat qui eut lieu au moment de la séparation.

En dehors de la bulle qui place l'église de Bressey dans la desserte du curé d'Arc-sur-Tille et du refus de Jeanne Cothier de payer la dîme, il faut arriver jusqu'en 1630 pour avoir un nouveau document sur cette desserte.

Vers 1630, Richard de Sanzey, écuyer, d'origine bretonne, seigneur de Bressey, voulu mettre en culture des bois taillis, sortes de buissons ou de friches. Il les fit essarté au lieu dit dit des Charmottes et du Charmoy. Aussitôt le curé d'Arc-sur-Tille, l'abbé Cuchelet, réclama la dîme novale qui se prélevait sur les terres récemment défrichées. Sanzey répliqua que le paiement de la dîme joint aux frais nécessités par le défrichement lui était trop onéreux ; aussi renonçait-il à faire de nouveaux défrichements et ceux qui avaient été faits seraient mis en prés. Cuchelet alors lui demanda de continuer les essarts, s'engageant pour lui et ses successeurs à ne demander qu'une gerbe par journal défriché. Sanzey accepta et le 3 janvier 1630, un traité fut conclu entre eux dans ce sens au château d'Arc-sur-Tille.

Il semble aussi, d'après les débats dont nous allons parler, que le curé d'Arc-sur-Tille se faisait parfois suppléer par un vicaire ; il lui abandonnait son droit de dîme de Bressey et lui donnait 20 livres d'argent. Ce vicaire (1) que nous voyons figurer de temps à autre dans les registres religieux, prenait le titre de vicaire d'Arc-sur-Tille. Cependant, dans deux actes notariés rédigés en 1650, l'abbé Demoyne prend le titre de « vicaire audit Arc-sur-Tille et Brecey ». Il semble même qu'il y eut un presbytère à Bressey et que parfois ce vicaire résida à Bressey. Il disait deux messes le dimanche, l'une à Arc-sur-Tille, l'autre à Bressey ; c'était le droit de binage ou, comme on disait alors, le *biscantando.*

Mais en 1663, l'évêque de Chalon, Mgr Jean de Maupeou interdit le *biscantando.* C'était alors l'abbé Guelaud qui était curé d'Arc-sur-Tille et il n'avait pas de vicaire ; il ne put continuer la desserte de Bressey qui resta sinon sans secours religieux, au moins sans service religieux le dimanche.

On doit comprendre combien fut pénible pour une population aussi profondément chrétienne qu'était alors celle de Bressey, comme celle d'ailleurs de tous nos villages, la privation du service religieux.

Mme de Sauzey, dame de Bressey, était devenue veuve, elle avait eu deux fils et trois filles. Ses deux fils étaient entrés dans les ordres : l'un Philibert Emmanuel était commandeur de l'ordre de Malte, l'autre Pierre était religieux de l'abbaye de Maizières (2). Elle fit appel à ce dernier qui, pendant plus d'un an, desservit Bressey. C'est ce que cons-

(1) Le curé de Bressey nommé dans le testament de Guillemin d'Arc cité ci-dessus était probablement un vicaire. D'ailleurs, dans ce testament, ce même titre de curé est donné pour Remilly dont le desservant n'eut, jusqu'à la Révolution, que le titre de vicaire.

(2) Abbaye de l'ordre de Cîteaux, de l'évêché de Chalon.

tate Mgr Moupeou dans sa visite de Bressey le 14 septembre 1663. « Bressey, dit le procès-verbal de visite, a été desservi un an et quelques mois par dom de Sanzay, religieux de l'abbaye de Maizières, fils de la dame dudit lieu, et les sacremens sont administrés par de Godard, curé de Coternoul ».

Mais dom de Sanzey n'avait pas continué ce service et la paroisse restait sans offices religieux. Cela ne pouvait durer. Un accord eut lieu en 1665 entre les habitants de Bressey, les vénérables de Saint-Etienne et l'abbé Guéland, curé d'Arc-sur-Tille. Il est dit dans le contrat : « Il sera fait choix d'un prêtre par lesdits habitans de Bressey, qui fera sa résidance actuelle audit lieu pour y desservir en la manière qui s'ensuit, sçavoir tous les dimanches et festes commandées, il célébrera la messe, les vespres et aultres services accoustumés, et les vespres les veilles de festes solennelles, administrera le sainctz sacremens, célébrera par sepmaine deux messes les lundy et mercredy pour les fondations faictes en lad. église et dix anniversaires aux jours qu'ils escherront, en fournissant par lesd. habitans le luminaire et un chantre pour y ayder et ce pour prier Dieu pour les âmes desd. fondateurs, auquel prestre lesd. sieurs vénérables donneront leur nomination et présentation pour estre ensuitte aprouvé par led. seigneur évesque de Châlon. »

Ce prêtre recevrait comme émoluments le tiers des dimes perçu auparavant par le curé d'Arc-sur-Tille, plus 80 livres sur la fabrique, y compris les fondations ; le curé d'Arc-sur-Tille promettait 20 livres et les vénérables, dix carteranches (1) de

(1) La carteranche valait environ 10 litres.

blé, prises sur leurs dîmes, mais ils seraient déchargés de toute réparation. Enfin ce prêtre aurait encore le casuel ordinaire sur les baptêmes, mariages, mortuaires, offertes, novales, etc., et il prendrait le titre de vicaire du secours d'Arc-sur-Tille.

Ce n'était pas encore la séparation : l'église de Bressey continuait à être une dépendance de l'église d'Arc-sur-Tille.

Mgr de Maupeou avait visité l'église de Bressey en 1661, 1663, 1664 et 1670.

En 1661, il avait été reçu par frère Yves Rosselin, jacobin du couvent de Dijon en l'absence du curé alors malade. Il constate que le tabernacle est « en forme d'aulmaire (armoire). » Ce tabernacle avait pourtant été réparé et embelli en 1615. Jean Nicolardot, receveur de la ville de Dijon et originaire de Bressey, avait alors donné 13 livres « pour repaindre et racoustrer de menuiserie ung tabernacle estant sur l'autel de lad. église où repose le Saint Corps de Dieu, que ledit Nicolardot donne en pur don à l'église pour l'honneur et gloire de Dieu (1). »

Lors de sa visite en 1664, les habitants se plaignirent à lui de n'avoir point de fonts baptismaux ; ils protestent qu'ils ne peuvent porter baptiser leurs enfants à Arc-sur-Tille qui est distant d'une demilieue et inaccessible l'hiver à cause des marais. Couternon est plus inaccessible encore. Le 13 janvier suivant, l'évêque leur accorda des fonts baptismaux.

Dans une autre visite, le 25 septembre 1670, l'évêque constate que les murailles de l'église sont d'en-

---

(1) Archives du château de Bressey.

trepassures (1), que la nef est pavée ; il n'y a ni chaire, ni confessionnal, le toit et le clocher sont en bon état ; il y a deux cloches ; le cimetière est fermé d'une haie morte ; le grand autel n'est pas consacré et a un marbre sans reliques ; l'autel Notre-Dame qui est dans la nef du côté de l'épître n'est ni consacré, ni fondé. Il y a une confrérie de charité dont la prieure élue est Mme de Sanzey. Deux messes de fondation doivent être célébrées par semaine, l'une avait été fondée par Hugues Nicolardot, chanoine de la Sainte-Chapelle (2). Il y avait en outre dix anniversaires. Le desservant avait environ 200 livres par an. Le village comptait 26 ou 27 feux et 115 communiants.

Le prêtre desservant était alors l'abbé Humbert Culac, originaire du diocèse de Genève. Venu à Dijon pour soutenir un procès devant le Parlement, il avait accepté de desservir Bressey et il y était depuis 4 ans et 6 mois.

Le jour de la dédicace de l'église étant incertaine, l'évêque l'avait fixé au cinquième dimanche après Pâques.

Le 10 février 1675, les habitants proposent un nouveau curé, messire Jacques Collet du diocèse de Langres, mais qui résidait à Dijon. Il est accepté par l'abbé de Saint-Étienne, mais nous ne savons s'il fut nommé. Il serait dans ce cas resté fort peu de temps à Bressey, car en 1676, le desservant est Georges Ladvocat et il succédait à Jérôme des Varennes.

(1) Sorte de torchis formé de baguettes entrelacées ; les interstices sont remplis de terre glaise, et un crépi à la chaux recouvre le tout.

(2) Il avait été inhumé dans l'église ; sa tombe a dû être détruite, quand on a démoli l'église.

Le 2 décembre 1678, les habitants se réunissent au château de M. Petit de Bressey. Ils n'ont plus de curé depuis huit mois; ils demandent avec instance un prêtre qui demeure à Bressey et ils choisissent messire Jacques Pidard. L'abbé de Saint-Etienne consent à le proposer, mais, dans l'acte de nomination, il sera dit qu'il est nommé « pour faire la desserte de l'église succursale de Bressey dépendant d'Arc-sur-Tille. »

Cette dépendance pesait de plus en plus aux habitants, à cause des irrégularités du service religieux dont elle était cause. Le faible revenu de la cure de Bressey empêchait sans doute aussi les desservants d'y prolonger leur séjour. Le 7 février 1680, les habitants adressèrent une requête à l'évêque, afin que l'église de Bressey fût érigée en cure et ils offrirent un fonds de 40 livres pour y aider, ce qui, avec la contribution du chapitre de Saint-Etienne ferait 200 livres. L'évêque crut qu'il s'agissait de 200 livres nouvelles ajoutées à l'ancien revenu. Il répondit donc aux habitants qu'avant de se prononcer, il avait besoin de l'acceptation de l'abbé de Saint-Etienne et du curé d'Arc-sur-Tille.

L'abbé de Saint-Etienne répondit aux habitants qu'il ne s'opposait pas à l'érection de la cure, mais qu'il n'y voulait contribuer en rien et qu'il s'en tenait à la transaction de 1665.

L'abbé Guelaud d'Arc-sur-Tille déclara s'en remettre à la prudence de l'évêque, mais il fit remarquer que si l'église de Bressey était séparée d'Arc-sur-Tille, il n'aurait plus de raison de donner 20 livres au curé; il ne verserait donc plus cette somme, et le curé nommé serait tenu de payer lui-même le droit de patronage, si ce droit était réclamé.

Les habitants firent alors savoir à l'évêque que l'abbé de Saint-Etienne et le curé d'Arc-sur-Tille acceptaient l'érection de la paroisse en cure, mais ils ne parlèrent pas des réserves qui avaient été faites.

L'évêque envoya Georges Félix, curé de Genlis et archiprêtre de l'Oscheret, pour faire sur place une dernière enquête. Celui-ci se rendit à Bressey le 7 mars 1680. Il eut le tort de n'en prévenir ni l'abbé de Saint-Etienne, ni le curé d'Arc-sur-Tille ; il n'entendit donc que les raisons des habitants et il ne communiqua pas son rapport à l'abbé de Saint-Etienne ni au curé d'Arc, considérés pourtant comme les curés primitifs de Bressey.

D'après son procès-verbal (1), les habitants, assemblés au son de la cloche, le conduisirent au presbytère consistant en une chambre à feu avec deux petits cabinets et un jardin. On se rendit ensuite à l'église ; il y trouva un tabernacle avec un ciboire et un calice d'argent, la lunette pour exposer le saint Sacrement, les vaisseaux aux saintes huiles, des fonts baptismaux, du linge et les ornements nécessaires. Il constate que les habitants demandent un curé qui réside « pour ne pouvoir porter leurs enfans baptiser à Arc-sur-Tille à cause des marrais et mauvais chemins entre les lieux, ny mesme estre secourus quant au spirituel. » Ils s'engagent « à substenter et fournir à un prestre ce qui est necessaire à son entretien jusqu'à la somme de 40 livres sur celle de 200 donnée partie par messieurs de Saint-Estienne

_____

(1) Archives départementales de la Côte-d'Or, G. 221.

et le reste de lad. somme par les habitans cy-après nommés. » Suivent les noms des habitants.

Le rapport du curé de Genlis était entièrement favorable à la demande des habitants, et l'évêque convaincu que tout était réglé et bien réglé, que tous les intéressés étaient d'accord, érigea l'église en cure le 10 avril 1680.

Le premier curé fut Pierre de Barry, du diocèse de Besançon. Nous possédons le procès-verbal de sa prise de possession :

« Le neufviesme jour du mois de may 1680, au lieu de Brecey, sur environ l'heure de deux après midy, soubz le chapiteau de l'églize dud. lieu, par devant moy Jean Le Rouge, notaire tabellion royal résidant à Arc-sur-Tille soubsigné, en présence des tesmoings en fin nommés, a comparu discrète personne Messire Pierre de Barry, prestre du diozaise de Besançon, lequel en vertu des provisions et visa de Mgr. l'illustrissime évesque et comte de Châlon obtenues par iceluy le treize du mois d'apvril dernier, signées et scellées de mond. sgr. évesque et son secrétaire en bonne et dehue forme, lequel m'a requis, en exécution d'icelles, le vouloir mettre en la vraye, réelle et actuelle possession de l'églize de Brecey esrigée en tittre de cure, universellement dans ses droictz, ensemble et toutes appartenances, habitations généralement quelconques. J'ay à cest effect, en obéissant aux ordres et justice de mondit seigneur évesque, introduict ledit sieur de Barry par la porte de lad. églize, au son de la cloche, faict baiser le grand autel, toucher au sol, visiter le Sainct Sacrement; l'hymne du *Veni Creator* chanté, j'ay iceluy conduict aux fonds baptismaux et faict occuper le siège principal dans le cœur et aultres cérémonyes auquel le droict canon oblige sans que personne se soit opposé, dont et du tout iceluy s^r de Barry m'a requis acte auxd. an et jour susditz, ce que je luy ay octroyé, en présence de Messire George Félix, doyen et archiprestre de Loscheret au diocèse dud. Challon par mondit seigneur envoyé à ses fins expressément, messire Jean Henrion, prestre chanoine en l'églize de Notre-Dame de Dijon, Me Philippe Grosbois, lieutenant en la justice d'Arc-sur-Thille, Me Pierre Devienne, praticien audit lieu, du s^r J.-B. Fabvrot, garde de Mgr. le Prince, (suivent dix noms d'habitants de Bressey), tesmoings requis. » Puis viennent les signatures.

De Barry resta un peu plus d'un an à Bressey, le 12 septembre 1681, il remit les clefs de l'église et de la cure aux procureurs de la fabrique et partit de Bressey. Les procureurs donnèrent six jours à la sœur du curé pour retirer les meubles de la cure. Le départ de de Barry fut un scandale. « C'est, nous dira l'abbé Fyot, par suite du commerce scandaleux qu'il avoit avec une créature qu'il emmena avec luy en habit déguisé, de sorte qu'il n'a jamais osé reparoistre. »

Il eut pour successeur l'abbé Béruchot. Celui-ci exigea immédiatement la portion congrue qui était alors de 200 livres. Mais l'abbé Fyot s'appuyant sur les réserves qu'il avait faites au moment de l'érection de la cure, fit appel comme d'abus contre cette érection. Béruchot effrayé demanda un accord et l'abbé consentit à lui payer la moitié des deux tiers des dimes qui revenaient aux Vénérables de Saint-Etienne, soit 75 livres. Mais Béruchot donna lieu au plaintes des habitants à cause des procès continuels qu'il leur intentait et il dut partir.

Il fut remplacé par François Simon qui lui aussi demanda qu'il lui fût attribué la portion congrue, élevée alors à 300 livres.

L'abbé Fyot en revint à son appel comme d'abus contre l'érection de la cure de Bressey. Il faisait valoir 1° que l'enquête faite pour l'érection de la cure avait été irrégulière, les parties intéressées, savoir l'abbé de Saint-Etienne et le curé d'Arc-sur-Tille, n'y ayant pas été appelées ; 2° la dotation du curé n'avait pas été suffisante ; 3° l'évêque avait été induit en erreur sur le montant exact de cette dotation ; 4° le curé d'Arc-sur-Tille avait été déchargé d'une rente de 20 livres, sans que l'abbé eût été prévenu, alors que cette rente provenait d'une transaction du 12 juin 1655 ; 5° enfin le mépris des réserves que lui, abbé, et le curé d'Arc sur-Tille avaient faites au moment de l'érection, la rendait nulle.

Il assignait en même temps les habitants de Bressey, qui firent valoir les difficultés de la desserte de Bressey par le curé d'Arc-sur-Tille, par suite de l'éloignement des deux villages et du mauvais état des chemins. Il leur faut un prêtre résidant, que ce soit un curé ou un vicaire, peu leur importe ; mais de tout temps il y a eu une église à Bressey avec un cimetière et des fonts baptismaux, et le prêtre qui leur administrait les sacrements faisait sa résidence dans une maison joignant l'église.

L'abbé répondra qu'il n'y avait ni fonts baptismaux, ni saintes huiles, comme le constate l'évêque dans sa visite de 1661, et que c'est à la suite de la visite de 1664 qu'il a permis d'établir des fonts baptismaux. Jusque là *les enfants avaient été baptisés à* Arc-sur-Tille, et il fournissait à l'appui de son affirmation un extrait des registres religieux d'Arc-sur-Tille, portant que de 1638 à 1659, 21 enfants de Bressey avaient été baptisés à Arc-sur-Tille. En outre un certificat du nouveau curé, l'abbé Foulet, attestait qu'il n'existait plus à la sacristie de registres antérieurs à ceux rédigés par l'abbé Guelaud, son prédécesseur; ils étaient ou perdus ou détruits. Enfin l'abbé Fyot terminait en disant que le curé d'Arc-sur-Tille avait été chargé de la desserte de Bressey et que s'il fallait augmenter l'allocation du curé de Bressey, c'était au curé d'Arc-sur-Tille à supporter le surplus de la dépense.

A cet argument, le curé d'Arc-sur-Tille répondra qu'il a desservi volontairement Bressey, que ses provisions de curé d'Arc-sur-Tille ne nomment pas Bressey et que s'il en a abandonné la desserte, c'est à cause de l'interdiction du *biscantando*.

L'abbé Fyot se plaignait en outre de la forme des objections de l'abbé Simon « dont les escritures sont remplies d'exagérations outrées, de termes injurieux, d'artiffice et d'un déguisement continuel, ne s'attachant particulièrement qu'à l'insulter et s'efforçant de rendre sa conduite odieuse par des faictz suposez ou déguisez. »

L'abbé Simon, ajoute-t-il, prétend que Messire Georges Ladvocat, pourvu de la cure en 1676, s'adressa au Parlement de Dijon pour obtenir la portion congrue qui était alors de 200 livres. C'est une erreur; l'église de Bressey n'était pas encore érigée en cure. Ladvocat n'était que vicaire et, comme tel, *n'avait droit qu'à 150 livres. Il avait* d'ailleurs davantage et l'abbé Fyot avait pris un arrangement avec lui pour y ajouter encore de sa pure bonne volonté.

Simon prétend qu'il n'est pas certain que l'église de Bressey soit succursale de celle d'Arc-sur-Tille. L'abbé Fyot prouve facilement le contraire en s'appuyant sur tous les faits ou documents que nous avons cités nous-même dans cette étude. Il rappelle ensuite que ni lui ni le curé d'Arc-sur-Tille n'ont été appelés dans l'enquête de l'érection et que le procès-verbal de cette enquête ne leur a pas été communiqué, et qu'enfin ce procès-verbal très peu net sur la question de la dotation du futur curé de Bressey a surpris la bonne foi de l'évêque de Chalon.

Simon présente une sorte de sentence qui aurait été rendue au bailliage et qui reconnaîtrait son droit. Mais cette pièce n'est pas signée, et de plus, s'il y avait eu une sentence rendue, elle ne formerait pas une pièce séparée ; elle serait écrite en marge de la demande.

Simon prétend que les 4 curés qui l'ont précédé ont été déjà en procès avec l'abbé Fyot. C'est faux : Des Varennes et Ladvocat ont précédé l'érection ; ils n'étaient donc pas curés et n'avaient pas de droit à faire valoir ; de Barry et Beruchot ont dû partir pour des motifs honteux. Quant à ce dernier, l'abbé Fyot, de sa pure volonté, avait augmenté ses subsides de 75 livres, en stipulant que c'était sans reconnaître l'élection ; il les a maintenus aux mêmes conditions à Simon.

D'ailleurs le 8 août 1690, l'évêque de Chalon a reconnu que sa bonne foi avait été trompée et il a remis les choses sur le *statu quo ante*.

Enfin Simon récusant le Parlement de Dijon, l'abbé Fyot déclare qu'il acceptera le renvoi à tel parlement qu'il plaira au roi de désigner.

Simon prétendait en effet que l'abbé Fyot avait des parents au parlement et des intelligences au bailliage, que si la sentence rendue au bailliage et présentée par lui était informe, c'est que le lieutenant du bailli, influencé par l'abbé Fyot, avait retiré sa sentence après l'avoir rendue, mais que le greffier lui en avait délivré une copie non signée. Le lieutenant et le greffier nient absolument.

L'abbé Fyot, fatigué de ces débats qui ne finissaient pas quoique le parlement de Dijon eût déclaré abusive l'érection de la cure de Bressey (mars 1692), somma, le 8 janvier 1693, l'abbé Simon de prendre la voie amiable pour décider de leur différend et de nommer lui-même des arbitres. Simon y consentit et nomma comme arbitres M. Maltète, doyen de la Sainte-Chapelle, M. Febvret, docteur en théologie et M. de Clugny, prêtre de l'Oratoire. Ceux-ci s'adjoignirent deux avocats MM. Perrier et Magnien.

Ils rendirent leur sentence le 14 janvier : l'abbé Simon était mis hors cause pour son appel comme d'abus ; sur celui de l'abbé Fyot, il était dit que l'érection avait été abusive, que tout devait être cassé et Simon condamné à une amende qui pourrait être modérée à 12 livres. La transaction de 1665 était maintenue.

Ce n'était pas fini. Simon protesta par devant notaire contre cette sentence en déclarant que, pendant la séance, les avocats avait conféré plusieurs fois avec l'abbé Fyot ; il révoquait tout pouvoir donné aux arbitres et en appelait au conseil du Roi.

L'abbé Fyot adressa requête aux arbitres pour déclarer la vérité sur les faits signalés dans l'acte de Simon. Ceux-ci déclarèrent faux tout ce qu'avançait l'abbé Simon.

L'abbé Simon, si ardent dans cette lutte pour défendre ses intérêts matériels, était peut-être moins ardent pour remplir ses devoirs de curé. Une ordonnance de l'évêque de Chalon défendait aux curés de s'absenter de leurs paroisses sans se faire remplacer. Simon fut sans doute dénoncé comme s'absentant souvent. Une enquête fut ordonnée et son absence fut surprise. Le 12 juin 1693, Louis Derymon, prêtre de l'oratoire, vicaire général et official de l'évêché de Chalon, le réprimanda et le somma de venir faire une retraite de trois mois au séminaire de Chalon.

L'archiprêtre de l'Oscheret, curé de Genlis, chargé de lui signifier cette sentence, ne put encore que constater son absence.

Peu après le 8 juillet, un arrêt du conseil condamnait l'abbé Fyot à payer la portion congrue jusqu'au jugement définitif et évoquait l'appel de la sentence arbitrale au Parlement de Grenoble.

Que se passa-t-il ensuite ? Une accalmie semble se produire et par acte du 3 novembre 1694, en présence et du consentement de l'évêque, l'abbé abandonne à l'abbé Simon les deux tiers de la dîme de Bressey qui était réservée aux chanoines de Saint-Etienne, mais à la condition que Simon paierait chaque année à l'abbé de Saint-Etienne un droit de patronage de 25 livres. L'abbé Fyot donnait alors son consentement à une nouvelle érection de la cure de Bressey qui fut fait le 15 décembre 1696. C'est donc cette date qui fixe définitivement la séparation de Bressey et d'Arc-sur-Tille.

François Simon resta curé de Bressey jusqu'en 1712, date de sa mort. Malgré la faiblesse de sa dotation, il avait pu faire des économies et avait acquis quelques terres. Ainsi Claude Armerey et sa femme lui vendent un champ moyennant 20 livres, mais il n'a rien à débourser, car il a payé leurs tailles royales et ils lui doivent les frais funéraux de Claude Garot et de Jeanne Raillard, père et mère de la femme Armerey (1).

En 1701, il achète moyennant 300 livres des terres, des prés et une créance de 75 livres, d'André Parent, auditeur à la cour des Comptes, qui les tenait de sa belle-sœur, damoiselle Catherine Bion, originaire de Bressey (2).

A la mort de François Simon, son neveu Louis Simon, vicaire de Magny-la-Ville, fut proposé pour lui succéder par M. l'abbé Fyot et il fut en effet nommé.

Nous trouvons ensuite l'abbé Cuinet, puis l'abbé Le Febvre et enfin l'abbé Boilleau.

Nous avons vu d'après le rapport de Mgr de Maupeou combien l'église était mal construite. Des réparations s'imposaient. Il en était de même de la cure.

La fabrique avait vendu pour 2.400 livres de bois. Cette somme fut remise au curé Cuinet qui commença des réparations et dépensa ainsi 1.017 livres

____

(1) Archives du Château de Bressey.
(2) Archives du Château de Bressey.

3 sols. En 1755, il quitta Bressey et remit en partant 1.382 livres 17 sols à M. Lemulier de Bressey. Celui-ci avait déjà reçu un legs fait à l'église de Bressey par le chanoine Petit de Montesson ; ce legs de 800 livres devait être placé en rentes et employé, quand la somme serait suffisante, à la reconstruction de l'église. Pour le moment, il fallait se contenter de réparations. « J'ai trouvé l'église minable, écrit M. Lemulier, le cimetière clos de vieux palis pourris, point d'ornements, ni de linge. » On ne pouvait faire appel aux habitants généralement pauvres et le nouveau curé, l'abbé Le Febvre, qui ne fut nommé qu'en 1757 paraissait assez incapable. M. Lemulier prit en main la direction des réparations : 1.117 livres furent employées aux réparations de l'église, de la sacristie et à la construction des murs du cimetière ; du linge fut acheté, ainsi que des ornements et une armoire pour les renfermer ; un agneau immolé sur une croix (1), le tout en bois sculpté, fut incrusté dans l'autel, le clocher fut peint. Il fallut payer aussi une cote de 539 livres 8 sols 4 deniers imposée à la fabrique. 2.339 livres 17 sols furent ainsi dépensés et M. Lemulier remit ce qui restait, 34 livres 8 sols, au nouveau curé. Il avait aussi donné un calice en argent qui lui appartenait et avec le vieux calice de l'église, il avait acheté une croix d'offerte en argent pour laquelle, outre le calice, il avait fallu payer 39 livres (2).

L'église se trouvait donc en meilleur état, mais il n'en était pas de même de la cure qui, grâce à la

(1) Il existe encore à la chapelle du Château de Bressey.
(2) Archives du Château de Bressey.

négligence de l'abbé Le Febvre, tombait de plus en plus en ruines. Celui-ci mourut en 1776, laissant ce qu'il possédait à Claudine Marigny ; mais elle dut payer les réparations qui incombaient au curé défunt et qui furent estimées à 360 livres. Elle les versa entre les mains de M. Lemulier qui les remit au nouveau curé Jérôme Toussaint Boilleau.

A la suite d'une nouvelle visite de la cure, il fut décidé que ce serait peine perdue de la réparer : elle était trop petite et trop en ruines. Il valait mieux la reconstruire. Un plan fut dressé par M. Lemulier, et Jean Thevenin, charpentier d'Arc-sur-Tille, accepta de l'exécuter moyennant 1426 livres, à la condition qu'on lui céderait pour la construction nouvelle les matériaux de l'ancienne maison. La cure serait bâtie en bois avec pierres plates entre les parois. La dépense serait soldée par les propriétaires de Bressey au prorata des terres qu'ils y possédaient ; ainsi M. Lemulier fut taxé à 841 livres 3 sols 7 deniers ; la fabrique à 66 livres 10 sols 6 deniers : la chapelle Saint-Charles à 45 livres 10 sols, etc., etc.

L'abbé Boilleau devait enfin renouveler avec M. Lemulier le différend soulevé autrefois pour les novales du temps de Richard de Sanzey. Une déclaration royale de 1766 voulant pousser à la mise en culture des friches, déclarait dispensées de dîmes pendant 15 ans les terres nouvellement défrichées. M. Lemulier fit aussitôt des essais de culture dans ses marais.

L'abbé Boilleau réclama la dîme ordinaire prétendant que ce n'était pas des défrichements nouveaux et il fallut prouver le contraire pour le débouter de ses prétentions (1).

Cependant la Révolution arriva ; l'église de Bressey fut fermée comme les autres églises, et quand le concordat eût été signé, Arc-sur-Tille et Bressey n'étaient plus des paroisses isolées du diocèse de Chalon : elles avaient été rattachées au diocèse de de Dijon. L'importance de Bressey ne parut pas suffisante pour y mettre un desservant ; l'église fut déclarée annexe de celle de Remilly-sur-Tille. Ce village était plus voisin de Bressey et les communications étaient plus faciles.

Il nous a semblé intéressant toutefois de rappeler un passé qui avait duré plusieurs siècles (2).

(1) Archives du Château de Bressey.

(2) Nous avons trouvé les documents qui nous ont permis d'écrire ce chapitre soit dans les Archives départementales, soit dans celles du château de Bressey que M. le Marquis d'Agrain a bien voulu mettre à notre disposition. Nous lui adressons nos vifs remerciements. Nous remercions aussi Mᵉ Besson, notaire à Dijon et détenteurs des minutes de l'ancienne étude d'Arc-sur-Tille ; nous avons trouvé bien des renseignements intéressants.

CHAPITRE VII

LA TROISIÈME EGLISE

Nous avons vu que depuis longtemps on se préoccupait de reconstruire l'église d'Arc-sur-Tille.
Dès 1813, un devis de reconstruction, dressé par l'architecte Kœrnelle avait été mis en adjudication et
l'exécution en avait été confié à l'entrepreneur Dellery moyennant 22.500 francs. Ce devis conservait le
chœur, les chapelles latérales et la sacristie qui
pouvaient être réparées : on construisait à neuf la
nef, le clocher et le portail. Malheureusement les
invasions de 1814 et 1815 avaient durement obéré la
commune et les habitants, et l'on dut renoncer à
la reconstruction faute d'argent disponible. Nous
pouvons dire que cette remise des travaux est à jamais
regrettable, car plus tard on détruisit tout ce qu'on
voulait conserver alors, et ainsi périrent de nombreux souvenirs du passé et de plus on nous dotera
d'un monument disgracieux et dont l'existence fut
menacée au moment même où la construction venait
d'être achevée.

Le contrat conclu avec Dellery fut résilié, mais il
fallut payer une indemnité de 1.739 fr. 90.

En 1823, la reconstruction fut de nouveau décidée
et on adopta le devis de l'architecte Saint-Père qui
s'élevait à 62.567 fr. 10. Il fut rectifié et mis en
adjudication moyennant 70. 326 fr. 98. Ce devis pré-
voyait une reconstruction totale et par suite la

démolition de ce qui restait de l'ancienne église. On construirait le nouveau bâtiment sur la face orientale du cimetière et on l'orienterait du sud au nord. Pendant les travaux, les cérémonies religieuses se feraient dans la maison commune.

Le conseil municipal, en adoptant le plan de Saint-Père avait demandé que la grille du chœur en fer forgé fût conservée, ainsi que le pavé du sanctuaire qui était neuf ; on conserverait aussi la chaire, l'autel et les boiseries ; l'ancienne horloge déposée à la mairie serait replacée au clocher.

Les travaux furent adjugés à l'entrepreneur Défaux, moyennant 67.130 fr. 90.

Ils commencèrent en 1829 et, dès le début, on eut une désillusion. Lors des fouilles pour établir les fondations, on ne trouva pas un sol assez résistant et il fallut établir un pilotis pour les soutenir ; ce fut une augmentation de dépense de 4.422 fr. En 1832, on décida de faire au clocher une porte extérieure évaluée à 1.017 fr. 30. Le nouveau devis montant à 72.570 fr. 20 fut approuvé.

La construction était très lente ; on se plaignait que Saint-Père n'activât ni ne surveillât sérieusement les travaux. Le conseil municipal demandait son remplacement ; mais combien fut plus grand encore le mécontentement quand on appprit que le devis était dépassé de 24.141 fr. 01. D'après le toisé fait le 27 mars 1833, la dépense aurait été de 96.711 fr. 25. L'entrepreneur ayant déjà reçu 65.020 fr. 94, il lui serait redû 31.990 fr. 21, et le conseil refusait de payer plus de 7.548 fr. 74, comme le voulait le devis approuvé, d'autant plus que l'épaisseur de la voûte avait été réduite de 0^m 43 à 0^m 25, que le pavé des planchers des sacristies n'avait pas été posé,, que la tribune ni les bancs du chœur n'avaient été établis.

Un architecte inspecteur, M. Duvaux, fut nommé pour vérifier les causes de cette augmentation. Il constata que les comptes et même les devis avaient été mal faits ; il y avait des oublis, des plus-values injustifiées ; mais les causes de l'exagération des dépenses étaient dûes à l'établissement d'une corniche sur tout le pourtour du monument ; or, cette corniche massive et très lourde coûtait 6.853 fr. 07. Saint-Père prétendait ne l'avoir pas commandée ; Défaux répondait qu'il ne l'avait construite que d'après les ordres de Saint-Père, et Duvaux lui donna raison en déclarant qu'il avait eu en main un profil de cette corniche signé Saint-Père. Deux croisées latérales qui devaient être de fausses fenêtres et qu'il avait été décidé d'ouvrir donnaient lieu à un surcroit de 2.359 fr. 39 ; c'était exagéré, car on ne devait compter en plus que la menuiserie et la vitrerie, les tailles des embrasures étant prévues au devis ; la grande voûte en berceau n'avait pas été comptée, soit 1.890 fr. 85. On avait oublié aussi les lunettes en moellons : 946 fr. 54. Enfin, dans le devis supplétif de 1829, on avait bien compté les pilotis 4.422 fr., mais on avait oublié les fondations, de 1.578 fr. En somme, sur le total de la pierre de taille, il y avait une augmentation de 19.413 fr. 61. Saint-Père avoua tout et demanda l'envoi d'un architecte pour tout vérifier. Ce fut M. Petit, architecte départemental qui fut envoyé. Il confirma les augmentations illégales faites par M. Saint-Père. Elles montaient à 20.258 fr. 91, mais elles comprenaient une augmentation de 4.129 fr. 33, pour les fouilles ; il fixait les dépenses totales de l'église à 93.121 fr. 64. Ce chiffre fut accepté par le conseil.

En 1836, le 15 mai, le conseil fit payer à Défaux les 18.100 fr. 74 qui lui étaient dûs, plus 557 fr. 70 d'intérêts échus, à condition toutefois qu'il remplacerait à ses frais 13 entablements de pierres de taille fendus et calcinés par la gelée, parce qu'ils étaient de mauvaise qualité, et qu'il referait les enduits du mur du cimetière qui étaient tombés.

Comment la commune avait-elle payé les frais de construction de cette église ?

En 1823, quand on demanda la reconstruction de l'église, le conseil fit valoir les ressources dont il disposait. En 1813, on avait vendu des communaux et cette vente avait produit 108.639 francs placés sur l'état qui avait d'abord donné une rente de 2.604 fr., puis l'avait réduit à 1919 fr.

La vente de cette rente devait produire 34.220 fr.
La caisse de la commune renfermait 7.972 fr. 23
La vente du quart de réserve des bois 3.860 fr.
La vente de l'affouage 5.000 fr.

Total 51.052 fr. 23

En outre, les exercices des années 1829 à 1836 se soldèrent tous par des bonis qui permirent l'achèvement des paiements.

Un vitrage fermait la coupole du chœur et y donnait un certain éclairage, mais il permettait aussi à la neige et à la pluie d'y entrer. On en décida la fermeture ; le plancher qui le fermait était peint en bleu avec un œil dans un triangle d'où partaient des rayons. Le même symbole était peint au fronton du péristyle.

Dès 1836, les murs commençaient à se lezarder, et dès lors l'église construite dans des conditions désastreuses, sur un terrain insuffisamment consolidé, avec des murs écrasés par une lourde corniche, et un toit recouvert de ces pesantes tuiles creuses de Verdun, ne cessera d'être un souci et une cause de dépense pour le village.

En 1841, le sommet du clocher fut démoli et transformé en plate-forme pour y installer le télégraphe Chappe qui y est resté jusqu'en 1854. L'Etat proposa alors de rétablir l'ancien clocher, mais le conseil municipal préféra garder la plate-forme actuelle qui est affreuse, mais qui est un béveldère donnant vue sur tous les environs.

En 1846, la voûte se lézardait et des fuites d'eau se produisaient par la toiture ; les réparations coûtèrent 428 fr. 31.

Il fallut recommencer en 1863.

Mais en 1867, la situation était plus grave ; les murs subissant la poussée de la corniche et de la toiture, surplombaient de plus en plus. Une inspection fut faite par plusieurs architectes, et l'on adopta le devis de M. Belin. Dix contreforts devaient contrebuter les murs et les empêcher de fléchir, et les tuiles seraient remplacées par des ardoises. Les travaux étaient commencés quand la guerre éclata. La chute de l'empire amena au pouvoir une municipalité anticléricale qui refusa de continuer les travaux. Les contreforts commencés furent démolis et les matériaux furent vendus. Mais comme, dès le début des travaux, la voûte de briques s'était écroulée, on la remplaça par une voûte de bois.

Nous pouvons imputer justement à cette municipalité la responsabilité de la situation actuelle. L'évêché protesta inutilement : il ne fut pas écouté.

En 1897, on nettoya et répara toute la toiture.

En 1912, il fallut démolir la coupole qui menaçait ruine et la remplacer par une autre coupole plus légère ; elle est actuellement presque aussi lézardée que l'ancienne.

En 1919, on répara toute la toiture, car il y avait des fuites d'eau partout, au chœur, à la chapelle de la Sainte Vierge, à la chapelle du Sacré-Cœur d'où se détachèrent d'énormes plaques de plâtre des petites voûtes ; il en fut de même près de la chapelle des fonts, près de celle de N.-D. de Lourdes, celle de Saint-Martin et dans plusieurs endroits de la grande allée. Les réparations furent faites, et, dans les dernières pluies, de nouvelles fuites se sont produites.

Y a-t-il un remède à un pareil état de choses ? Nous l'ignorons. Il faut en revenir au plan de M. Belin : étayer les murs par des contreforts, en même temps qu'on les déchargerait du poids qui les écrase en changeant la toiture. Un remède plus radical, mais plus certain serait la reconstruction de l'église avec les matériaux de l'église actuelle ; mais la situation financière de la commune permettra-t-elle jamais cette seule bonne solution ? En tout cas, il est temps d'agir, car le fléchissement des murs s'accuse de plus en plus.

Qu'est-il resté de l'ancienne église ?

Nous avons dit que le conseil municipal avait voulu conserver la grille du chœur, la chaire, les boiseries et le grand autel. Malheureusement il trouva l'occasion de vendre à vil prix les boiseries

et la chaire. On ne garda que la grille sur l'observation de M. Duvernet, maréchal et plus tard maire,
qui fit remarquer qu'elle était plus belle et plus
solide que tout ce qu'on pourrait mettre à la place.
Le grand autel est devenu depuis une vingtaine
d'années l'autel du Sacré-Cœur. Le tabernacle avait
été fait en 1736.

Le tableau de saint Nicolas dont nous avons parlé
a été placé dans la chapelle du confessionnal. Il
serait bon de le réparer : le vernis s'écaille.

Le gros bénitier du XV* siècle qui est à l'entrée
près de la grande porte vient aussi de l'ancienne
église. Nous avons dit que la fontaine des fonts
appartenait à M. Dasey. Enfin la tombe de Louis
de Lenoncourt, un enfant, décédé en 1557 commence a être sérieusement dégradée : elle a été
déclarée monument historique. La chaire qui est
de style empire a été payée 775 fr. et a été soldée
par la fabrique.

L'église, très laide extérieurement, ne manque pas
d'un certain cachet de grandeur à l'intérieur.
Autrefois les immenses fenêtres qui trouent les deux
façades étaient garnies de verres blancs. Un jour
cru tombait dans la nef et dans le sanctuaire, et
l'on eût vainement cherché le recueillement que doit
inspirer une église. Alors l'autel actuel du Sacré-
Cœur était le maître-autel. L'autel et la statue de la
sainte Vierge n'avaient pas encore été décorés
comme ils le furent plus tard ; la statue de saint
Martin était en plâtre blanc ; les murs du chœur
étaient blancs ; il s'y trouvait quelques tableaux :
une Sainte-Famille donnée par l'amiral Roussin ;
elle est maintenant dans la chapelle des fonts ; une

Vierge-mère donnée aussi par l'amiral Roussin est maintenant dans la deuxième sacristie ; une copie de la descente de croix de Rubens a disparu, ainsi que deux gravures données par le Dr Adam : la Résurrection de Lazare et Jésus chassant les vendeurs du Temple ; enfin des portraits lithographiques en couleurs du Christ et de la Vierge ; ils sont aussi dans la sacristie.

En 1835, des peintures furent faites aux autels par ordre du maire, M. Richard. Nous ne voyons pas bien ce que furent ces peintures : quelques marbrures sans doute, et peut-être une grande fresque qui décorait la chapelle actuelle du Sacré-Cœur et qui fut dans le principe l'autel de Notre-Dame des Sept-Douleurs. La Vierge tenant le Christ mort entre ses bras avait le cœur percé par sept glaives ; des anges appliqués contre le mur soutenaient les divers instruments de la Passion, et sur le mur avait été peint un Calvaire : la Croix du Christ s'y élevait entre les croix des deux larrons et, dans le fond du paysage, on voyait les tours de Jérusalem. Le peintre employé par le maire Richard s'appelait Ribetta.

Cet autel a été transporté, lors des réparations de 1870, dans la chapelle des fonts ; la chute de la voûte avait détruit une partie des statues, entre autres celle de la Vierge.

Une statue de la Vierge mère était sur le pilier de gauche près du maître-autel. Brisée en partie lors de la chute de la voûte, elle a été emportée chez M. Coulon et donnée depuis à M. l'abbé Lemmel, curé actuel d'Arc-sur-Tille. Le tableau de saint Nicolas, placé maintenant dans la chapelle du confessional était dans la chapelle Saint-Martin et la statue de sainte Ursule était sur le pilier de cette chapelle, sur lequel s'appuyait aussi le grand Christ qui a été placé depuis au-dessus de la grande porte.

Cette statue de sainte Ursule vient du couvent des Ursulines.

Pendant les mauvais jours de la Révolution, elle fut donnée à Madame Richard qui, lors de la réouverture des églises, la donna à l'église d'Arc-sur-Tille. Sainte Ursule avait une palme dans la main gauche. En 1828, quand M. Bugnot plaça les statues de l'église dans diverses maisons du village, sainte Ursule fut reportée chez Mme Richard. La palme se détacha en chemin ; un enfant, Jean Galand, la ramassa, et cette palme fut conservée jusqu'à ces dernières années par Mme Prélange, sœur de Jean Galand. Elle nous la donna un jour pour la remettre à M. l'abbé Lemmel, ce qui a été fait.

Le chemin de croix a dû être placé en 1854.

Telle était notre église à cette date de 1854. L'année suivante, M. Soupey était nommé curé d'Arc-sur-Tille. Il fit établir au chœur une fausse boiserie surmontée d'une corniche, une double rangée de bancs garnit le pourtour du chœur dont la nudité se trouva ainsi corrigée. Le grand autel fut repeint et orné de motifs dorés ; une statue de saint Martin fut achetée et placée sur un socle (celui qui supporte maintenant le Sacré-Cœur) au milieu du mur du chœur, à la hauteur de la croix qui se dressait sur le tabernacle. Cette statue de saint Martin est maintenant sur l'autel de la chapelle Saint-Martin. Les deux autels de la Sainte Vierge et de Saint-Martin furent repeints, et une grille donnée par Mme Clerget-Picard, ferma la chapelle de la Vierge. Elle a été portée depuis à l'autel du Sacré-Cœur, ce qui est regrettable, car on n'a tenu ainsi aucun compte de la volonté de la donatrice.

M. Edme Roussin, ancien gouverneur du Sénégal et frère de l'amiral avait aussi donné deux tableaux : un Christ en croix qui est dans la sacristie et une Vierge à la Chaise, placée dans la chapelle des catéchismes.

Après la chute de la voûte, il fallut établir une voûte en bois ; les murs de l'église furent peints en assises de pierre, la coupole du chœur fut peinte en bleu et semée d'étoiles d'or, des peintures décoratives assez gracieuses ornèrent les frises de l'église. Trois fresques, la Sainte-Cène, donnée par Mlle Christine Devienne, le mariage de la Vierge et le baptême du Christ donnés par Madame et Mademoiselle Victorine Jougant, décorèrent le mur du chœur ; elles sont de Jussaume, peintre de Paris ; une frise représentant des épis et des raisins court au-dessus de ces tableaux dans toute la longueur du chœur. Au-dessous, au lieu de la fausse boiserie peinte sous M. Soupey, on fit une fausse draperie. Toutes ces peintures décoratives sont l'œuvre de Redon, peintre décorateur habile qui était d'Arc-sur-Tille.

Plus tard, sous M. l'abbé Munier, l'église a été largement embellie. Un bel autel en pierre blanche, sculpté remplaça le grand autel qui devint, nous l'avons dit, l'autel du Sacré-Cœur. Deux anges tenant des lampadaires furent placés de chaque côté de l'autel ; une statue de sainte Anne et une autre de saint Joseph ornèrent les deux colonnes qui soutiennent la travée du sanctuaire ; de très beaux vitraux remplacèrent les verres blancs des fenêtres et transformèrent complètement le jour de l'église. Le portrait de M. l'abbé Munier se trouve sur l'un de ces vitraux et en face se trouve le portrait de Mgr Oury, alors évêque de Dijon. Enfin des appliques de bronze doré furent placées contre tous les piliers. Ces embellissements étaient presque tous dus à la générosité de M. l'abbé Munier.

Signalons encore le grand lustre de la nef acheté 250 francs, en 1853, les candélabres en bronze doré du grand autel avec la croix achetés 350 francs en 1856. Les reliquaires ont été acquis en 1862. Un Christ à la colonne, tableau de l'école flamande, a été offert par la famille Mansion. Enfin ces dernières années, un autel de N.-D. de Lourdes a été érigé dans la troisième travée de la nef du côté de l'épitre. La statue de N.-D. de Lourdes est le don d'une personne pieuse ; l'autel avec les ornements qui le recouvrent ont été offerts par les paroissiens. Le lustre en bronze doré qui renferme la lampe du Saint-Sacrement est un don des demoiselles Simerey.

L'ancienne église avait trois cloches. Nous avons vu qu'il n'en restait qu'une après la Révolution, et encore elle était fêlée. Deux cloches l'avaient successivement remplacée, mais n'avaient eu qu'une courte durée. En 1841, le conseil décida l'acquisition de deux cloches dont l'une pèserait au moins 1000 kilogrammes et l'autre 500 k. Elles furent bénites le 20 novembre 1842 par Mgr Rivet. Le parrain fut l'amiral Roussin et la marraine la

Duchesse de Saulx-Tavanes qui s'était retirée au château de Lux. Elle assista à la cérémonie avec son fils qui devait mourir tragiquement quelques années plus tard. C'est la dernière fois que les Tavanes vinrent dans leur ancien domaine d'Arc.

CHAPITRE VIII

La Cure

La cure primitive était située dans l'enclos compris entre la rue Belle-Croix au sud ; la Ruelle de la Gare, autrefois Ruelle de la Cure à l'est ; la propriété Bresset, au nord ; et à l'ouest, une terre qui était appelée autrefois la terre du Cret ; cet enclos appartient maintenant à Mme Vve Joudrier (1).

Malgré le déplacement de l'église, le curé avait continué à habiter l'ancienne cure, il y resta jusque vers 1658. C'est à peu près vers cette date en effet que l'abbé Guelaud, curé d'Arc-sur-Tille, qui se trouvait trop éloigné de l'église, acheta une maison qui en était voisine, là où s'élève la cure actuelle. Il vint l'habiter et loua l'ancienne cure à Didier Valetier. L'acte de location est du 27 décembre 1664 : le curé amodie pour 40 livres par an et pour neuf ans à Didier Valetier qui en jouissait déjà depuis 6 ans, « une maison consistant en deux chauffeurs, chambre basse, chambre haute, grenier, estable, etc., jardin, verger, terres, prés, dits le pourpris de la cure. »

(1) Dans notre ouvrage : *la Révolution à Arc-sur-Tille*, nous avons dit que l'ancienne cure était dans le jardin potager de Mme Mansion ; c'est une erreur que nous avons commise en interprétant mal l'unique document que nous possédions alors et qui situait la cure dans la rue Roulotte ; cette rue rejoignait au nord la rue de la Belle-Croix juste en face les bâtiments de l'ancienne cure.

L'abbé Guelaud devait mourir en 1686. Le 31 mars 1686, il légua par son testament à la fabrique un calice et sa patène d'argent, une chasuble, une étole, une aube et d'autres ornements, « une maison où il demeure à présent, grange, estable, cour, jardin, chenevière, place, sis proche l'église, tenant de soleil levant à M⁹ Estienne Denat, de couchant et septentrion à Anthoine Devienne, de midi au sieur Denat..., à charge par la fabrique de faire dire par chaque mois une messe de *requiem* ponr le repos de l'àme dudit donateur (1). »

Le successeur de l'abbé Guelaud fut l'abbé Foulet. La fabrique et les habitants lui proposèrent la nouvelle cure en échange de l'ancienne. Il accepta et l'acte suivant atteste et confirme cet échange.

« Aujourd'huy 24 novembre 1686, à Arc-sur-Tille sur environ l'heure de trois après midi au bas du cimetière et au son de la cloche, par devant le notaire tabellion royal résidant audit Arc-sur-Tille et en présence des tesmoings en fin nommés, ont comparu... M. Louis Foullet, prestre curé dudit Arc-sur-Tille, Antoine Huot et François Bourgeot, procureurs de la Fabrique, assistés de Mᵉ Jacques Goussard, procureur d'office, Jean Corberan, Richard Armerey, Jean Monyot, Claude Bourgeot, Mᵉ Pierre Devienne, Anthoine Brullebaut, Jean Bourgeot, Jacques Vairey, Pierre Marrilier, Sébastien Pécault, Michel Corberan, Nicolas Devienne, Claude Chabeuf, Joachim Maistre, Claude Pécault, Philibert Fournier, Dimanche Léger, François Mardor, Bernard Givoiset, Jacques Bourgeot, Bénigne Troigros,

____

(1) Minutes de Mᵉ Besson, notaire.

Claude Curot, François Boullée, Denis Bougeot et Jean Caillot l'aisné...

Lesquelles partyes ainsy comparantes ont faict les accords et eschanges qui s'ensuivent, sur ce qu'ilz ont recogneus le danger que les malades ne fussent privez des sacremens, attendu l'esloignement qui est depuis la maison curialle jusques en l'église dudit lieu ; assavoir que ledit sieur Foullet a donné à titre d'eschange pour luy et messieurs ses successeurs curés, à la fabrique dudit Arc-sur-Tille aux personnes des procureurs et habitans présens et acceptans : Une maison consistant en deux chaufeurs, chambre, grenier, grange, verger, jardin, cour et enclos, lesdits bastimens couverts de loches (1), aisances et appartenances d'icelle, apellés la maison de la cure size audit Arc-sur-Tille en la rue de la Roulotte, tenant à la rue qui tire à Dijon de midy et de soleil couchant aux terres labourables, de septentrion à un treige joignant les terres de Cret et jardins des héritiers Denis Fournier et de levant à une ruelle qui tire en ladite rue..., n'estans chargés d'aucune charge.

Et lesdits habitans en contre eschange ont donné et délaissé audit s^r Foullet... une maison consistant en un chaufeur, chambre, grenier, cave, grange, escurie, le tout couvert de loches, cour, puis, jardin, verger, chenevière, droits, aisances et appartenances d'icelle, size et située audit Arc-sur-Tille, proche l'église dudit lieu, le tout tenant de Me Estienne Denat, procureur en parlement, de soleil levant, de

(1) Les marais d'Arc-sur-Tille fournissaient en abondance des *carex*, appelés vulgairement loches ; toutes les maisons en étaient recouvertes, et les ouvriers couvreurs étaient nommés couvreurs de loches.

midy s^r Denat à cause des enfans Anthoine Privet, de soleil couchant à Anthoine Devienne et de septentrion audit Devienne et à une cour commune..., lesdits eschanges ainsy faittes... moyennant que lesdits procureurs et habitans seront tenus comme ils ont promis de faire achever la construction du bastiment commencé qu'ils promettent faire, rendre faits dans deux mois et faire couvrir de tuiles ladite maison... »

Le 12 septembre 1699, l'ancienne cure était mise aux enchères publiques et était achetée 680 livres par le curé Foulet qui la revendait lui-même pour le même prix le 30 novembre suivant à Jean Garnier et à Anne Chasot, sa femme. Les confins de la propriété sont ainsi désignés : « Le tout tenant à un treige de soleil levant, de couchant aux terres du Cret, dépendant de la cure, de midi à la rue de Dijon. de nord à un treige (1) et aux terres du Cret. »

Ce treige du levant et du nord est le même treige qu , à l'extrémité du jardin de la cure tournait et tourne encore à angle droit vers le couchant ; le lieu dit du Cret enveloppait l'ancienne cure à l'ouest et au nord et était compris dans les biens de la cure.

Ce treige existe toujours ; on l'appelait la ruelle de la cure. Il partait de la rue de la Belle-Croix, se dirigeait au nord, puis à l'extrémité du jardin de la cure, il se divisait en deux branches. l'une allait à l'ouest, puis reprenait la direction du nord pour gagner la grande route ; l'autre traversait la propriété qui appartient maintenant à M. le commandant Mongin et rejoignait un autre treige qui suivait le mur

____

(1) Le mot patois *treige* signifie un sentier, une ruelle. De ce mot vient le verbe *tréger* ou plutôt *troiger,* marcher, piétiner.

de la propriété de M. Gribelin, et les deux treiges
réunis débouchaient sur le pâquier Lassus, qui
comprenait le champ de foire actuel et l'emplacement de presque toutes les maisons qui l'avoisinent :
maison Vve Lariotte, les deux maisons de M. Luminet, maisons Dandreux et Curot, hôtel Perrin.
Toutes ces maisons ont été bâties à peu près à l'époque de la Révolution sur des terrains détachés du
pâquier et vendus par la Communauté.

Le treige de la cure avait été établi par la communauté pour faciliter au curé un moyen plus rapide
de se rendre au nord ou au sud du village, quand
il était appelé pour les malades. Depuis la création
de la gare, il est devenu très utile pour une partie
des habitants du village.

La concession d'une nouvelle cure à l'abbé Foulet supposait l'exécution de certains travaux d'ap-
propriation ; mais ils ne furent exécutés qu'avec
lenteur et le 13 juillet 1687, l'abbé Foulet fit constater par acte notarié qu'ils n'étaient pas achevés.

Quant à l'ancienne cure, elle fut vendue ensuite,
« franche de tout cens », à M. Georges Gabeure,
auditeur à la Cour des Comptes, qui possédait à
Arc-sur-Tille la maison ou plutôt l'emplacement où
M. Emile Coulon s'est construit une maison, l'ancienne maison Gabeure a été incendiée, puis démolie.

Deux ans après cette vente, René Grappin, fermier de la terre d'Arc-sur-Tille, réclama à Gabeure
les lods qu'il n'avait pas acquittés. Gabeure répondit que la maison par lui acquise « ayant esté
anciennement le domicile des curés estoit franche
et libre de toutes charges seigneuriales. » Grappin

répliqua que le seigneur d'Arc avait un droit de censive universelle et qu'il lui était dû des lods et ventes sur toutes les acquisitions faites dans la seigneurie ; il maintenait donc sa réclamation. Gabeure alors assigna le vendeur Verrey en garantie et celui-ci assigna les fabriciens. Gabeure récusait le juge de la terre d'Arc Me Perrin qui possédait la maison appartenant à Mme Mansion. L'affaire fut portée devant Barbuot, juge de la seigneurie d'Arceau. Gabeure fut condamné à payer les lods et les frais du procès, soit 48 livres, mais Verrey et sa femme, les premiers vendeurs, devaient l'indemniser. Quant aux habitants, ils devaient être appelés pour être entendus sur les conditions auxquelles avait été faite la vente de la cure. Il est probable que ce furent eux qui en dernier lieu payèrent les frais du procès.

Après M. Gabeure, l'ancienne cure fut acquise par M. Coillot qui possédait aussi la maison qui est devenue la gendarmerie. Après M. Coillot, ce fut, M. Marlet et enfin sa fille Mme Guillemard. Après la mort de celle-ci, sa maison et l'enclos de la vieille cure, alors démolie, furent vendus séparément, et l'enclos fut acheté par M. Coudor, marchand de bois, d'où il est passé à sa fille Mme Joudrier.

La nouvelle cure devait être une vieille construction. Les réparations qui y furent faites et dont nous ignorons le détail et un nouveau bâtiment qu'on y ajouta, ont dû la rajeunir et prolonger son existence.

A la fin du XVIIIᵉ siècle, elle était en assez mauvais état, et une visite en fut ordonnée en 1774. Elle fut faite par le substitut du procureur d'office, les deux échevins de la communauté, un charpentier, un maçon et deux notables.

De cette visite, il résulte que l'on entrait à la cure par une petite porte et par une grande porte dont les pilastres étaient à pointes de diamant. La maison était construite sur les murs qui séparent la cure de la propriété de M. Garcenot, c'est-à-dire à la droite de la cour actuelle ; les murs qui servent de clôture sont les murs mêmes de l'ancienne cure. Elle se composait d'un vestibule, d'une cuisine ajoutée à la cure primitive, avec un évier, un four et un cabinet sous la cage de l'escalier, d'une chambre à feu au rez-de-chaussée avec deux petits cabinets et d'une autre chambre à feu au premier avec un cabinet au fond. Le four était ruiné, les pavés usés, les murs décrépis. C'était des cloisons en bois qui fermaient la séparation des pièces. Une écurie, une grange, un toit à porcs, un poulailler étaient dans la cour ; ils étaient couverts en chaume. Des réparations durent être faites ; car le 24 juillet 1795, une nouvelle visite fut ordonnée. Le culte venait d'être interdit ; l'église était devenue le temple de la raison et la cure avait été louée par le citoyen Marchant.

Ce Marchant était le propriétaire de Corbeton et il était devenu l'un des agents actifs de la Révolution à Arc-sur-Tille. C'est lui qui avait acheté deux de nos croix pour faire, disait-il, des auges à ses cochons. C'est lui aussi qui voulut louer la cure (1).

(1) Enfant, j'ai entendu citer ce fait dans ma famille. Un jour de décade, Marchant était allé à la *rente* de Forêt qui appartenait à Maurice Garnier, mon bisaïeul. Celui-ci était allé chercher du bois dans la forêt avec sa femme et un domestique. Marchant se fit indiquer l'endroit où ils étaient et les rejoignit bientôt. Il invectiva aussitôt mon bisaïeul

Lors de cette visite, la situation n'avait guère changé : four ruiné, murs sans crépi, fenêtres avec nombreuses vitres brisées, planchers des greniers en mauvais état, etc.

Au moment de la réouverture des églises, la pauvre cure était en triste état, comme l'église d'ailleurs, et en 1819 il circula un petit poème assez amusant, assez malin qui a été publié par Clément-Janin en 1876 dans l'annuaire de la Côte-d'Or, et attribué par lui à l'abbé Claudon, curé de Remilly, qui en 1819 desservait Arc-sur-Tille.

C'est d'abord la peinture de l'église, qui a demi-ruinée laisse entrer la pluie et la neige.

> Et les vents tournent le feuillet
> De l'Evangile et de l'Epitre.
> ... Et quand, à leur âpre rudesse
> Tantôt au sud, tantôt au nord,
> On oppose un vieux drap de mort,
> La guenille n'est pas collée
> Qu'aussitôt quelque tourbillon
> Vient encercler l'assemblée
> Et le curé sous le drillon.

C'est un peu plus loin une description de la nef

> Qui n'a ni pavé ni plafond,

et qui est ornée d'autels poudreux

> Où des simulacres affreux
> Coiffés de toiles d'araignée
> Et façonnés à la coignée,

et le menaça des foudres révolutionnaires. Maurice Garnier sans se déconcerter dit à sa femme : « Femme, apporte moi donc ma serpe que je descende la tête de ce brigand là. » Marchant ne se le fit pas dire deux fois et s'enfuit.

Non sur les traits des bienheureux
Mais d'après les spectres hideux
De réprouvés, d'âmes damnées
Font frayeur au plus valeureux.

Mais si l'église n'est pas belle, que dirons-nous de la cure ?

... Une vieille chaumière
Où tout entre excepté le jour.

L'escargot et le limaçon se promènent sur la pierre verdâtre des murs ; les rats et les souris ne laissent pas au pauvre curé fermer la paupière, mais c'est pis quand il pleut :

Par un toit de paille pourrie,
Ainsi qu'au travers d'un panier,
La pluie inonde le grenier,
Descend en cascade au cellier,
Rebondit jusqu'à l'écurie.
Dans la chambre, s'il ne fait beau
On a besoin de son manteau ;
Au lit, il faut un parapluie
Si l'on veut se garer de l'eau,
Dans cette loge délabrée.

Et le pauvre curé affirme qu'il n'exagère en rien :

Et je veux, (dit-il) passer pour faussaire
Si j'outre ici la vérité.

Il ne l'outrait pas sans doute, car nous avons toujours entendu dire que le dernier curé qui a habité cette cure, l'abbé Bugnot, était en effet obligé d'ouvrir son parapluie pour préserver son lit de la pluie. L'abbé Claudon n'exagérait pas, mais il commettait un plagiat en laissant circuler cette pièce. Nous l'avions recueillie en entier, car elle est amusante, lestement écrite en général dans le genre de Gresset. Un passage toutefois de la description de l'église nous troublait. La séparation du chœur et de la nef était formé « d'un balustre errant », que le flux et le reflux des assistants portait tantôt en avant

Sur les talons du célébrant,

tantôt en arrière. Or, la grille de fer forgé qui ferme le chœur appartenait à l'ancienne église ; ce n'était donc pas un balustre et elle n'était pas du tout errante, mais parfaitement fixée. Nous croyions là à une sorte de licence poétique. Un jour, pourtant, nous feuilletions un almanach des Muses et quel fut notre étonnement d'y trouver sous le titre de la Roussillonnade la pièce attribuée à l'abbé Claudon ! Celui-ci l'avait corrigée, raccourcie, appropriée à Arc-sur-Tille, mais c'était bien notre pièce: Elle était de l'abbé Le Noble, chanoine d'Autun, qui avait été deux ans curé de Roussillon dans le Morvan.

D'une visite de 1816 (1), il résulte que les galandages de bois sont en très mauvais état et que les chassis des fenêtres sont pourris.

On y fait 1.500 fr. de réparation.

Une nouvelle visite a lieu en 1819. L'architecte Chauvereiche constate que le mur de façade menace ruine, qu'il faut le reconstruire et remplacer 6 fenêtres et une porte.

En 1828, on démolit une partie des hébergeages et l'on fait encore 668 fr. 60 de réparation.

(1) Archives départ., fond. M. 4.

La cure fut atteinte lors du gros incendie de 1840, allumé dans une maison voisine. D'une visite qui eut lieu à la suite de l'incendie, il est constaté que l'état en est déplorable, qu'elle n'offre que ruine et insalubrité. L'assurance la Mutuelle paya 1.176 francs et on en employa 781 fr. 73 en réparations diverses.

La reconstruction s'imposait sans doute, mais la commune faisait alors de grandes dépenses pour la reconstruction de l'église et la construction de la maison commune ; elle n'était pas en mesure de reconstruire encore le presbytère ; on dut donc se contenter de réparer sans cesse.

En 1843, les hébergeages furent démolis, et les décombres furent conduits à la maison commune pour remblayer les classes. Ces hébergeages avaient été incendiés en 1840 ; on les démolit à la hauteur du mur de clôture du côté du nord et du levant ; ce qui ne put servir de clôture fut démoli jusqu'aux fondations.

En 1844, on répara les murs et on construisit un tect à porcs et un poulailler qui existent encore.

En 1855, un nouveau curé étant nommé à Arc-sur-Tille. Le conseil municipal décida que la cure était inhabitable et qu'il fallait la reconstruire. On loua pour le curé la maison Chocarne, aujourd'hui la maison de la poste. Un devis fut dressé qui montait à 13.318 fr. 66. Le nouveau presbytère s'élèverait face à l'avenue qui y conduit ; il devait comprendre un rez-de-chaussée élevé sur cave et auquel un beau perron donnerait accès. Ce rez-de-chaussée divisé en deux parties par un large vestibule, terminé par un escalier de pierre qui descendrait au jardin ; à droite, vaste cuisine, chambre de bonne et évier ; à gauche, salle à manger et salon. Un escalier en bois conduit au premier. Il comprendrait deux grandes chambres à feu et 4 cabinets dont deux pourraient être convertis en chambres à coucher. Par-dessus, un vaste grenier. Ce plan fut exécuté et par suite de petites modifications de détail, la dépense s'éleva à 14.454 fr. 70. Dès lors, la cure qui fit honneur au village ne réclama plus que des travaux d'entretien. Signalons une modification intéressante que M. l'abbé Mùnier fit à ses frais. Le corridor orienté du nord au midi, avec deux larges portes à deux battants aux deux extrémités donnait lieu à de désagréables courants d'air, glacials en hiver et refroidissant toute la maison. M. l'abbé Mùnier le fit couper au milieu par une clôture vitrée en chêne, avec une double porte. Ce fut une très utile amélioration.

Disons encore pour terminer que l'incendie de 1840 brûla en partie un gigantesque tilleul, « monument d'antiquité », qui s'abattit au milieu du cimetière. Du bois, on fit deux lots qui furent vendus · 52 francs (1).

(1) Archives de la commune d'Arc.

CHAPITRE VIII

LES CURÉS

Pendant longtemps nous ignorons les noms des curés d'Arc-sur-Tille : les documents font défaut jusqu'au XIVᵉ siècle. A partir de 1324, nous possédons quelques noms, grâce surtout au droit de patronage que les curés d'Arc devaient payer à l'abbaye de Saint-Etienne ; l'économe de l'abbaye cite leurs noms dans ses comptes.

Le premier curé que nous connaissons ainsi est *Pierre de Rosoris.*

Il est probable que des difficultés s'étaient élevées pour le paiement de ce droit de patronage, mais Pierre de Rosoris dut se soumettre. Nous possédons l'acte où il fait sa soumission. Il y est dit : « Moi, Pierre de Rosoris, curé de l'église d'Arc-sur-Tille, je déclare que je dois et suis tenu de payer chaque année à la Saint-Martin d'hiver 40 sous de Dijon aux religieux de Saint-Etienne pour le patronage de cette église, et, après l'avoir juré sur les saints Evangiles, je promets de m'acquitter régulièrement de cette somme tant que je serai curé d'Arc. » Cet acte est en latin (1). Il est rédigé le mercredi qui suit le dimanche où l'on chante *Jubilate,* l'an 1324. *(3ᵐᵉ dimanche après Pâques).*

(1) Archives de la Côte-d'Or, G. 123, f° 159.

En 1365, *Johannes de Brangiis, Jean de Branges,* curé d'Arc-sur-Tille, adhère à l'appel au Saint-Siège que fait l'abbé de Cîteaux contre une taxe frappée sur les bénéfices ecclésiastiques de la province, par le Doyen et le chapitre de Lyon, pour le rachat de la ville d'Anse.

Après de Branges, nous trouvons *Jean Pégu de Martoillet,* mais nous ne connaissons aucun de ses actes comme curé, si ce n'est la résignation ou l'amodiation de sa cure. Cette amodiation ne put se faire évidemment sans l'autorisation de l'abbé de Saint-Etienne et de l'évêque de Chalon, mais l'acte n'en fait pas mention. Elle est de 1371 et pour une durée de quatre ans. Le preneur, et par suite le curé intérimaire d'Arc-sur-Tille, était Messire *Eudes Henryot de Brecey* fils de Simon Henryot de Brecey.

L'amodiation devait commencer à la Saint-Jean-Baptiste. Le nouveau curé s'engageait à acquitter toutes les charges de la cure, sauf les dépenses occasionnées par les visites de l'évêque ; il devait en outre payer à Pégu 20 francs d'or et huit émines de froment. « Item, sera tenuz lediz reteneur de recevoir ledit curé selon son estat es festes annuels ; ... item, est encour accordez entreulx que en cas qui morroit plus de vint personnes en une année, le surplus de vint personnes de mortuaires et droitz se partira par my (moitié) entreulx et aussy s'il morroit ledit terme durant main noble en ladite paroiche le mortuaire et droict se partira par my entreux. »

Eudes de Brecey devait tenir le presbytère et ses dépendances en bon état, cultiver les terres de la cure, et « paiera audit curé par chascun journal de terre appartenant à ladite cure, qui aura été ensemencez III carteranches de tel bled comme il croistrat esdites terres. » (B. 11282, *Arch. dép. de la Côte-d'Or*).

Pégu rentra-t-il dans sa cure? Nous ne le pensons pas. Cependant il semble être resté au moins en rapport d'affaires avec les habitants de son ancienne paroisse.

Ainsi en 1380, Jehan, fils de Perreaul le Gaterre d'Arc-sur-Tille doit à Messire Jehan Pegu de Martoilley, jadis curé d'Arc-sur-Tille, prestre demeurant à Dijon, 13 francs d'or.

Humblot Bossard d'Arc-sur-Tille lui vend en 1488 « un cheval jument sur poy noir et un poulain » pour le prix de 5 francs d'or.

La même année, Jehannote, femme de feu Jacquelin Borgeot d'Arc-sur-Tille et Guiot, leur fils, reconnaissent devoir à Jehan Pegu 13 francs d'or pour règlement de tout compte, et s'engagent à en payer la moitié à la fête de saint Pierre et saint Paul et le reste à la Nativité Notre-Dame.

Cette même année encore, Michel le Gobaudet, Mengin Loilier, Henryot Petot d'Arc et Girard Pagueaul d'Arc demeurant à Couternon lui doivent 5 francs d'or.

Enfin en 1398, Thevenot Talleney, alias Le Canet d'Arc-sur-Tille, « retient... de messire Jehan Pegu de Martoilley... un buef sur poy rameaul et deux vaiches l'une roige, l'autre noire... » et en 1399, Monin le Poinchez lui vend « un buef toreaul sur poy rouge pour le prix de trois francs d'or (1).

Ces prêts, ces ventes ou achats d'animaux domes-

---

(1) Archives dép. de la Côte-d'Or, B. 11296, 11298, 11299, 11303.

tiques semblent indiquer que Pegu s'occupait de culture.

L'amodiation de la cure par Eudes Henryot de Brecey était faite pour quatre ans : elle devait donc finir en 1375. Mais elle fut sans doute définitivement résiliée ; car il était encore à Arc en 1408 et devait être curé titulaire. A cette date en effet il était en procès avec les Vénérables de Saint-Etienne et avait porté sa plainte à la cour de Rome ; il refusait de reconnaître le patronage de Saint-Etienne. Les parties décidèrent pourtant de cesser le débat « pour bien de paix, nourir bonne amour entre nous comme fere se doibt et pour éviter toutes manières de procès et plaidoiries, » et ils choisirent deux arbitres, « vénérables personnes et saigès maistre Thomas d'Auxonne et maistre Jehan de Vandenesse, clercs licenciers ès lois, chanoínes de l'église et chapelle de Mgr le duc de Bourgogne à Dijon. »

Les arbitres, après avoir pris les dires des parties, condamnèrent Eudes de Brecey à payer chaque année « à la fête de la translacion saint Martin... la somme de vint et cinq gros viennois, chascune pièce comptée pour vingt deniers tournois. » Leur jugement n'est pas motivé. Eudes de Brecey reconnut sa dette, promit de la payer à l'avenir régulièrement et « pour mettre et restituer en leur vraie possession lesdiz religieux leur a baillé réalement et de fait la somme dessus dite à la corone du coing du roy de France (1). »

Il était encore à Arc en octobre 1414. En effet, à cette date, « messire Eude de Brecey, prebstre, curé

____

(1) Archives départ. G. 106.

d'Arc-sur-Tille, vend perpétuellement à Jehan le Bourrelier et Jehan Tritan dudit Arc-sur-Tille et chascun pour moitié... une maison... assise en la ville d'Arc en la rue du Moustier... pour le prix de cinquante escus d'or, et la pièce comptée pour vingt-deux sols six deniers (1). »

En 1426, c'est *Girart Bidot* qui est curé d'Arc-sur-Tille. Il devait être de Chalon, à en juger par une note marginale d'un protocole d'un notaire d'Arc-sur-Tille, Recouvreur. En effet, en face du nom de Girart Bidot, le notaire a écrit Cabilonen, cabilonensis, chalonnais. Donc en 1426, Girart Bidot, curé d'Arc-sur-Tille emprunte huit francs à Perrenot Bornier de Saulon-la-Chapelle demeurant à Arc-sur-Tille. L'emprunt est du 20 février et Bidot s'engage à le rembourser à Quasimodo prochain (2).

En 1432, le 12 mai, Hugues Grosbois d'Arc vend à Messire Girart Bidot « la tondoison... d'une pièce de prey appelé le Préaul Michelot, assis ou lieu dit ou Paquier Volier pour cinq ans pour le prix annuel de XXIX gros, soit III francs IX gros. »

En 1434, Perrin Jossot d'Arc-sur-Tille, lui doit trois francs cinq gros pour le reste du prix de la vendue d'une jument et de son poulain (3).

En 1441, le pitancier de l'abbaye de Saint-Etienne écrit sur son livre de comptes : « Reçu de Messire Girard Bidot, curé d'Arc-sur-Tille, XXV gros, qui doit chascun an a cedit terme de la Translation

(1) Archives départ. B. 11329, f° 66.
(2) Arch. dép. B. 111875, f° 26.
(3) Eod. loco, B. 11871.

Saint-Martin à Messieurs, prieur et couvent à cause du patronage de la cure dudit lieu. »

Et encore : « Breccy : de Messire Girart Bidot, curé d'Arc-sur-Tille, V carteranches par moitié blef et avoine suivant le disme dudit lieu pour l'admodiation de nostre disme dudit Brecey pour cette présente année (1). »

Il était encore curé d'Arc en 1443, car cette année Huguenin Grosbois d'Arc lui vend : « une treuhe (laie) portant et un porc mâle et trois petits pourceaux, s'estant deux treuhotes et ung mâlot pour le prix de deux frans (2). »

Nous ignorons l'année de la mort de Girart Bidot. Il fut enterré à la Sainte-Chapelle de Dijon où il avait fondé un anniversaire qui était célébré le 24 avril. Le registre des fondations de la Sainte-Chapelle porte en effet cette mention : « *Mensis aprilis XXIV. Anniversarium Dni Girardi Bidoti, curati de Arcu super Thiliam. Jacet ante altare Scti Sebastiani (3).* »

En 1462, « messire *Jehan Raveaul* », curé d'Arc-sur-Tille paie 25 gros au pitancier de Saint-Étienne. Il était de Remilly et les habitants d'Arc-sur-Tille avaient payé dix francs pour son déménagement. Il voulut, par son testament, que ces dix francs leur fussent rendus après sa mort.

En 1470, il accompagne dans leur tournée les contrôleurs qui viennent procéder « à la cerche des

____

(1) Eod. loco, G. 491.

(2) Eod. loco, B. 11371.

(3) *Eod. loco :* G. 1167. En 1451, le curé d'Arc-sur-Tille possédait rue du Formerot une maison qu'il louait en partie à Perrenot Pougeot ; il est probable que ce curé est Girart Bidot.

feux », c'est-à-dire qui viennent constater l'état des lieux, avant de procéder à l'assiette de l'impôt.

Raveaul paie encore le droit de patronage en 1476 et en 1477 : le pitancier de l'Abbaye de Saint-Etienne écrit en effet sur son registre en 1477, qu'il a reçu de messire Raveaul, prêtre, curé d'Arc-sur-Tille, la somme de 25 gros qu'il doit « à cause du droict du patronaige de lad. cure admodiée audit curé perpétuellement de longue ancienneté. »

Après lui, vient sans doute messire *Guillaume Nyot* qui tout en étant curé d'Arc était aussi chorial et chapelain de la Sainte-Chapelle. Le 31 mars 1502, il fonde « pour le salut et remède de son âme, dit-il, et des ames de feurent (*feu*) ses père et mère et aultres progéniteurs prédécesseurs et successeurs (que Dieu absoille !) un anniversaire perpétuel avec vigiles et messe chantée, une station sur sa sépulture le 2ᵉ jour des Rogations, une messe basse de *Requiem* à l'autel du Saint-Sacrement dans l'octave de la Fête-Dieu, et, pour assurer ces fondations, il donne à la Sainte-Chapelle 5 livres tournois de rente que lui doit Nicolas Boillot, marchand à Dijon, et le quart d'une maison sise à Dijon « faisant le quarre tirant de la rue du Chastel à la place Saint-Etienne, devant l'ostel des prisons et emprès la maison de M. de Ternant (1) »

Et le registre des fondations de la Sainte-Chapelle (*Arch. dép.*, *G. 1167*) constate en effet que le 10 juin se célèbre l'anniversaire de Guillaume Nyot, qu'il est enterré devant la chapelle Saint-Lazare, qu'une station se fait sur sa sépulture au temps des Roga-

(1) Arch. dép. G. 1171.

tions et qu'il a donné 10 sols tournois de rente à la confrérie de la Sainte-Chapelle : « *Mensis junii X, anniversarium Dni Guillem. Nyot, dum viveret, curati de Arcu super Thiliam et presentis Ecclesie chorialis... jacet ante capellam Sancti Lazari.* »

En 1509, le pitancier de Saint-Etienne reçoit les 25 gros du droit de patronage, du nouveau curé *François Boussard*, et il écrit : « De messire François Boussard, curé d'Arc-sur-Tille au diocèse de Chàlon-sur-Saône au lieu de feu messire Guillaume Nyot, presbtre, son oncle et prédécesseur au dit lieu, 26 gros. »

Boussard est remplacé en 1511 par *Jean Maillot*, qui, d'après l'acte de sa nommation, était du diocèse d'Autun : *Eduensis diocesis presbiter*. Il résigne sa cure en 1516. Le pape Léon X, par un bref signé à Rome en 1516 accepte cette résignation et nomme pour lui succéder *Loys Cuytet*, chanoine et infirmier de l'abbaye de Saint-Etienne, qui devra servir à son prédécesseur une pension annuelle de 25 livres tournois, tant qu'il ne sera pas pourvu d'un bénéfice séculier ou régulier de la même valeur (1).

Louis Cuytet était encore curé d'Arc-sur-Tille en 1519, comme le constate le pitancier de Saint-Etienne.

De cette date jusqu'en 1586, les documents ne nous fournissent aucun nom nouveau de curé. En 1692, l'abbé Fyot, dans son différend avec les habitants de Bressey, cite à l'appui de ses prétentions un jugement rendu aux Requêtes du Palais le

(1) Arch. Départ., G. 211.

30 juillet 1586 entre le chapitre de Saint-Etienne et *Jean Blanchard* curé d'Arc-sur-Tille. Mais en 1592, Blanchard n'était plus curé d'Arc-sur-Tille. Nous avons vu en effet qu'en 1592, il avait fondé une messe de Sainte-Croix (1). Dans l'acte de fondation, il est dit : « Jean Blanchard, cy devant curé d'Arc-sur-Tille. » Il avait donc cessé ses fonctions comme curé d'Arc et était devenu chapelain de la chapelle Notre-Dame et aumônier de la maréchale de Tavanes.

Son successeur doit être Messire *Girard Presvost*, qui figure comme témoin dans l'accord passé en 1588 entre le seigneur et les habitants au sujet des chemins du village (2).

Girard Presvost était-il encore à Arc en 1594 ? ou bien *Richard Davet* qui vient après lui avait-il déjà pris possession de son poste ? Il y eut cette année, le soir de Noël, un acte de violence barbare et un scandale inouï. Baillet de Vaugrenant, l'un des chefs royalistes de la Ligue en Bourgogne, se plaignait que le comte de Tavanes, chargé de disposer des finances du roi, ne lui eût pas tenu suffisamment compte de ses avances pour la cause royale. Il résolut de s'en venger. Il venait de s'emparer de Saint-Jean-de-Losne. De cette ville, il envoya à Arc-sur-Tille une troupe de ses gens qui envahirent l'église pendant les matines et y prirent douze des plus riches habitants qu'ils emmenèrent comme otages à Saint-Jean-de-Losne (3).

(1) Voir Chapitre IV, p. 75.

(2) Arch. d'Arc-sur-Tille, D. I.

(3) Mémoires de Breunot dans les Analecta divionensia, et J. Garnier, Correspondance de la Mairie de Dijon II, lettre 440.

En 1609, Henry le Brung laboureur, vend des terres à la frabrique d'Arc-sur-Tille, et le protocole nomme alors Richard Davet comme curé. Son nom figure aussi dans une pièce de 1619 (1).

Mais en 1628, c'est *Pierre Cuchelet* qui est curé d'Arc, car Edriette Royer, veuve de Jean le Borgne, lui lègue vingt sols. En 1636, le 13 octobre, Claude Corberan, praticien à Arc-sur-Tille, lui vend les matériaux d'une maison.

Nous avons vu que Richard Davet avait eu un différend avec Richard de Sanzey, seigneur de Bressey, au sujet de terres en friches que celui-ci avait mises en culture. Cuchelet lui avait aussitôt réclamé la dîme novale, puis avait consenti à un arrangement moins onéreux pour le seigneur (2).

, Cuchelet mourut en 1636. C'est cette année et les années suivantes qu'Arc-sur-Tille fut incendié par les Impériaux de Gallas. Les deux châteaux, les deux moulins et au moins l'un des fourgs banaux, 104 maisons et 108 granges avaient été brûlées. « A présent, dit le procès-verbal de visite des feux de 1644, il n'y a pas trente maisons habitées, ayant été pillés et brûlés plusieurs fois par l'ennemy... Il y a deux ans que les ennemis emmenèrent vingt-deux prisonniers et en tuèrent plusieurs, et pillèrent générallement tout le village. »

C'était alors *Me François Guelaud* qui était curé, il avait succédé à Cuchelet et était de la

---

(1) Un jugement rendu en 1601 par Me Jean Clopin, notaire à Beire et juge ordinaire de la justice d'Arc, condamne Pierre Bion et Prudent Déchargé à payer au curé Richard les dîmes des récoltes levées et emmenées par eux ; il est probable qu'il s'agit de Richard Davet.

(2) En 1631, nous trouvons à Arc un vicaire Me Nicolas Raillard et un prêtre habitué M. Mammet Rabiet.

région. Son père Guillaume Guelaud avait été notaire à Arc-sur-Tille, puis à Dijon, et sa mère, Edriette Lerat, était de Remilly. Ses lettres de provision sont aux Archives de la Côte-d'Or, G. 211. Il fut nommé par Jacques de Nuchèzes, évêque de Chalon, coadjuteur et futur successeur de l'abbé de Saint-Etienne. Celui-ci invite le nouveau curé à se faire mettre, avec les cérémonies accoutumées, en vraie, réelle et actuelle possession de l'église paroissiale d'Arc-sur-Tille et des droits et revenus qui y sont attachés.

L'abbé Guelaud devait rester cinquante ans curé d'Arc-sur-Tille.

Il quitta l'ancienne cure, avons-nous dit précédemment, et alla habiter une maison achetée par lui près de l'église et qu'il devait par testament léguer à la paroisse. Possesseur d'une nouvelle habitation, il amodia l'ancienne cure.

Le 28 janvier 1647, il la loua à Girard Richardot et à Jean Dufay, moyennant 37 livres. Le vieux cimetière existait encore, car il est nommé comme limitant à l'est le pourpris de la cure dont il est séparé par une ruelle.

Le second bail est de 1678, 31 ans après le premier. Il n'est plus question de Girard Nicolardot, mais Denise Richard, veuve de Jean Dufay habite encore la vieille cure. Le nouveau locataire Martin Contet devra l'y laisser jusqu'au premier février 1679. Contet paiera 40 livres par an, entretiendra les clôtures, fournira huit cents de *loches*, et la moitié de l'herbe du pré, sauf au curé de payer la moitié des frais de la fauchaison.

En 1654, l'abbé Guelaud avait loué à Claude

Bourgeot, laboureur, les terres de la cure et celles qui lui venaient de sa mère.

En 1675, sa sœur Claudine Guelaud s'était mariée à Arc avec Philibert Grosbois, greffier de la justice d'Arc-sur-Tille. Elle apportait en mariage les biens non énumérés venant de sa mère défunte ; son père, Guillaume Guelaud lui donnait 200 livres et son frère, l'abbé Guelaud lui en donnait 30. Elle recevait du futur 50 livres de bagues. Les autres frères ou beaux-frères de la mariée sont Philibert Guelaud, praticien, Jean Pothier, notaire royal à Dijon et Jean Horry, clerc au greffe du Parlement. Elle a pour oncles Jacques, Julien et Jean Lerat, marchands à Remilly.

C'est l'abbé Guelaud qui en 1668 fit une insulte aux fabriciens au moment de la reddition des comptes, comme nous l'avons signalé ci-dessus. Mais dés 1654, il avait déjà eu une difficulté avec les comptables de la paroisse, car, dans leur compte de cette année, nous lisons :

« Procuration accordée aux comptables contre le curé . . . . 40 sols.

« 2 copies de cette procuration, une pour l'évêque de Chalon, l'autre pour madame (de Saulx-Tavanes). . . . 40 sols.

« Pour un acte judiciel dressé au bas du cimetière contre le sieur curé n'ayant voulu enterrer une femme. . 30 sols. »

Et dans l'enquête ordonnée par l'intendant Bouchu, il est dit :

« Il y a quelques plaintes contre le sieur curé d'à présent, mais le seigneur évesque y a pourvu. »

Les premiers actes de l'état religieux que nous

possédons datent de l'abbé Guelaud ; ils sont d'ailleurs très incomplets, très peu développés et assez peu soignés. Nous pouvons par exemple citer une inhumation faite à l'église en 1640 proche l'autel saints Côme et Damien et le curé a oublié d'inscrire le nom de la personne inhumée. D'après une attestation de l'abbé Foulet, successeur de l'abbé Guelaud, il n'existait pas aux archives de l'église d'actes religieux antérieurs à ceux de l'abbé Guelaud. S'il y en avait eu, ils étaient détruits.

Par son testament, l'abbé Guelaud léguait divers ornements à l'église, mais surtout il laissait sa maison, la nouvelle cure, à la paroisse. Il demandait aussi d'être enterré au chœur de l'église où reposaient ses prédécesseurs Blanchard et Davet et fondait un anniversaire. Le registre paroissial constate en effet qu'il fut inhumé dans le chœur de l'église.

L'abbé *Louis Foulet* lui succéda en 1686. Il avait été proposé, selon l'usage, par Claude Fyot, abbé de Saint-Étienne. D'après la lettre de présentation, l'abbé Foulet était du diocèse de Lyon, et depuis plusieurs années, il était curé de Chevigny-Saint-Sauveur. La présentation à la cure d'Arc est du 3 avril 1686 et l'acte de nomination du 24 avril. L'abbé Foulet prit possession de la cure et de l'église le 30 avril, comme le constate l'acte qui en fut rédigé par le notaire d'Arc. Il se trouve aux Archives de l'étude d'Arc.

L'installation du nouveau curé fut faite par M° Philippe Bergeret, curé de Notre-Dame de Dijon. Celui-ci lut à haute voix les lettres de provision, puis on entra à l'église. Le nouveau curé s'agenouilla devant le crucifix, baisa le grand autel, visita le tabernacle où repose le Saint-Sacrement, les fonts baptismaux et sonna les cloches, toutes cérémonies requises en pareilles circonstances.

Nous avons vu que les paroissiens lui offrirent la cure nouvelle en échange de l'ancienne que l'abbé Foulet acheta, puis revendit.

Il semble que la famille Foulet vint se fixer à Arc-sur-Tille. Les Foulet venaient de Baume-la-Roche. La sœur de l'abbé Foulet, Marie, fille de Bénigne Foulet, bourgeois à Arc-sur-Tille et d'honnête Claudine Duret, se maria à Arc-sur-Tille en 1688 avec M⁰ Roger Moillet, notaire à Longeault (1). Elle se mariait avec l'aveu de ses père et mère et aussi de ses deux frères, le curé d'Arc et son frère aîné M⁰ Joseph Foulet, vicaire mépartiste de l'église Notre-Dame de Dijon. Celui-ci donnait à sa sœur une maison à Pagny estimée 800 livres et 300 livres de meubles ; le curé d'Arc lui donnait 400 livres.

Bénigne Foulet mourut en 1701 et fut enterré dans l'église d'Arc-sur-Tille ; il avait été confessé et administré par son fils.

C'est sous l'abbé Foulet qu'eut lieu la séparation définitive de l'église de Bressey et que fut rétablie en 1705 la confrérie du Saint-Sacrement qui avait été créée en 1660 sous l'abbé Guelaud.

Foulet ne mourut pas à Arc-sur-Tille ; il devint chanoine mépartiste de Notre-Dame de Dijon et fut remplacé à Arc en novembre 1706 par l'abbé *Pierre Durand* qui était aussi docteur en médecine. En 1711,

(1) Notaire à Longeault, dit le contrat de mariage ; notaire à Pluvaut, dit l'acte religieux de mariage.

on lui achète un bonnet carré 4 livres 15 sols, puis un autre en 1714 ; il coûte 5 livres 1 sol. La même année, on achète un parapluie, 4 livres. Pourquoi ce parapluie ? Un reliquaire d'argent est payé 35 l. L'évêque de Chalon visite la paroisse en 1716, les 25 et 26 septembre. Il serait intéresant de connaître le procès-verbal de sa visite, mais nous ne l'avons pas. Cependant certaines notes laissées par l'abbé Durand dans les registres paroissiaux nous font connaître quelques-unes des difficultés qu'il rencontra. En voici une extraite du Registre VII, f° 4 verso, année 1711 (Archives d'Arc-sur-Tille) :

« Nicolas Devienne est décédé le 25 novembre après avoir été confessé deux fois dans sa maladie et receu l'eucharistie en viatique par moi sousigné, sans avoir pu lui donner l'Extresme-Onction, n'en ayant esté requis que la nuit trois heures après l'Angelus du soir, qu'il avoit plu tous les jours depuis six semaines, et qu'il y avoit trois ans que les chemins du village n'avoient esté rétablis, ainsi que je m'en suis plaint judiciallement le cinquiesme jour de ce mesme mois de novembre à la tenuë des jours au sieur Perrin bailly en la justice de ce lieu, en présence de tous les habitans, leur faisant voir l'impossibilité de visiter les malades et de leur administrer les sacrements avec la décence requise, pendant mesme le plus clair du jour, et que le sieur Lerouge, présent en laditte assemblée, étoit lui seul malicieusement la cause que depuis trois ans les chemins du village n'etoient point rétablis, ainsi que je l'en ay convaincu en sa présence et de toute l'assemblée, afin que si quelque personne de ma paroisse venoit à mourir sans confession ou autres sacremens, je n'en fus trouvé reprehensible ni devant Dieu ni devant le monde ».

Cette même plainte est répétée le 21 juillet 1712. Elle est certainement fondée ; mais peut-elle excuser l'abbé Durand d'avoir laissé quelqu'un mourir dans le village même, sans lui administrer les sacrements, sous prétexte que les chemins sont en mauvais état ?

Une plainte du même genre faite en 1713 est peut-être plus justifiée et le curé mérite d'être excusé, car il s'agit d'un malade de Forest, hameau aujourd'hui disparu et qui était à près de 4 kilomètres d'Arc :

« Pierette Senesson est décédée le 13 février sans sacremens, parce que m'estant mis en chemin jusqu'au bas du Marlois, lui portant le Saint-Sacrement de l'Extresme-Onction et ne pouvant passer ce marais sans m'exposer vint fois d'y enfoncer par-dessus la teste, non plus que par le pont de Coton ou le rut de Champiot, j'ay esté contraint de m'en revenir sur mes pas en faire mes plaintes aux procureurs de la communauté, qui n'ayant voulu faire aucune diligence ce jour-là 12 février, la malade mourut le lendemain sans sacremens et sans que j'aye pu obliger les habitans à me faire un passage que huit jours après » (1).

Le bailli tint compte de ces plaintes et nous le voyons aux Grands-Jours presser les habitants de travailler aux chemins : en 1717, en 1722, en 1730, il revint sur cette question recommande de travailler aux chemins du village et à celui de Cham-

______

(1) Même registre, f° 12 v°.

piaut « afin qu'on y puisse circuler et administrer librement les sacremens. »

Mais l'abbé Durand n'avait certainement pas un zèle bien ardent et ne semble avoir obtenu ni la confiance ni l'affection de ses paroissiens. Il ne nous paraît pas non plus un bien fin lettré.

Il mourut en 1720. « Ce jourd'huy, 22ᵉ de janvier, dit l'acte de sépulture, est mort Maître Pierre Durand, vivant curé d'Arc-sur-Tille, après avoir reçu les sacremens, âgé d'environ 68 ans et a esté inhumé dans l'église dudit Arc-sur-Tille, le 26ᵉ du même mois par Mᵉ Myet, prétre curé de Remilly, où ont assisté Mᵉ Morelet, prieur d'Orgeux, M. le vicaire de Varois et Mᵉ Simon, curé de Bressey. »

L'abbé *Henri Bizot*, son successeur devait rester curé d'Arc-sur-Tille de 1720 à 1772 ; il mourut en 1773, après avoir résigné sa cure en faveur de l'abbé Terguet, san ancien vicaire.

M. Bizot vivait avec sa sœur Charlotte et sa tante Anne Garnier qui mourut en 1760 à l'âge de 92 ans. Les scellés furent apposés sur ses effets, mais le 1ᵉʳ mai, les autres parents donnèrent main levée et M. Bizot et sa sœur purent entrer en possession des biens de leur tante qui les avait nommés ses héritiers (1).

M. Bizot avait un frère qui, après avoir été vicaire de Varois, était devenu curé de Talmay, et une autre sœur, mariée à Jacques Truchot, receveur au grenier à sel de Villefranche. Celui-ci mourut en 1758 et les deux abbés Bizot envoyèrent le 13 septembre de cette même année leur procuration pour faire nom-

(1) Archives de la Côte-d'Or, B. 428.

mer un tuteur aux enfants qu'il laissait orphelins (1).

Le 14 janvier 1759, Sébastien Bizot et sa sœur Charlotte firent leurs testaments. Ils se laissaient tous leurs biens au dernier survivant. Charlotte demandait que son frère lui fît dire cent messes et qu'il donnât 100 livres à la fabrique de Maatz (2), lieu de leur naissance, pour y fonder une messe à perpétuité; elle voulait aussi qu'on donnât aux pauvres le blé qui proviendrait à ce moment du domaine paternel (3).

C'est tout ce que nous avons pu trouver sur la famille de M. Bizot.

Pendant la longue durée de son ministère à Arc-sur-Tille, M. Bizot, montra un grand zèle pour la confrérie du Saint-Sacrement. Il en fut bâtonnier en 1748 et offrit un dais pour porter le Saint Sacrement. En 1768, il abandonna à la confrérie 88 livres 11 sols 6 deniers que lui devait la fabrique; il renouvela un don presque égal en 1771, il donnait 78 livres 10 sols pour être employés à la décoration de l'autel où repose le Saint-Sacrement.

Il semble avoir eu une certaine influence sur ses paroissiens et avoir possédé leur confiance. Ainsi en 1753, Jean Bourgeot, dit le Blanc, laboureur, avait été frappé par Marie Paris, femme de Charles Verrey; celle-ci prétendait qu'il l'avait injuriée. Un procès avait commencé, et Bourgeot ayant été grièvement blessé et ayant dû cesser tout travail, le tribunal du bailliage lui avait d'abord assigné 100 livres de provisions. Les frais menaçaient de devenir

(1) Eod. loco, C. 7674.
(2) Village de la Haute-Marne.
(3) Minutes de l'étude d'Arc, chez Mᵉ Besson, notaire à Dijon.

sérieux. De part et d'autre, on décida de s'accommoder et on recourut à l'arbitrage de M. Bizot. Il décida que Bourgeot, pour dommages et intérêts, et pour son incapacité de travail, recevrait 20 livres de Verrey et que sur les 100 livres de provisions, on prélèverait 40 livres, plus les frais de justice et de chirurgien. Les parties acceptèrent et le procès fut terminé.

En décembre 1756, ce fut toute la paroisse qu'il apaisa. A la suite de grandes pluies et, par la faute du fermier du moulin qui n'avait pas ouvert les vannes du bief, les eaux avaient inondé une partie du village, coulaient en torrent dans la rue de la Rigole et recouvraient toutes les prairies situées du côté de Remilly. C'était un grand dommage et les habitants voulaient se pourvoir par requête auprès de l'intendant. M. Bizot intervint et les calma : « Je les en ai empêchés par respect pour vous, écrit-il au duc de Saulx-Tavanes, leur disant qu'il fallait attendre vos ordres (1). »

Une série de petits faits empruntés à diverses archives jalonnent sa vie à Arc-sur-Tille.

Ainsi en 1732, Pierre Burteur, maire de Dijon et contrôleur du roi vient à Arc vérifier les rôles d'impôts ; il descend chez le curé, « n'y ayant, dit-il, aucun logis convenable à nous recevoir audit lieu. »

Le 21 mai 1763, Nicolas Jacquot, domestique de M. Bizot, loue à la communauté pour trois ans et moyennant 12 livres par an, le droit de pêche dans les rivières d'Arc-sur-Tille. Il agissait sans doute au nom de son maître (2).

(1) Arch. départ. de la Côte-d'Or, E, 1743.
(2) Arch. de la Côte-d'Or, C, 7676.

Le 15 mars 1766, il loue pour le compte de M° Gabriel Julien, chapelain de la chapelle N.-D., pour neuf ans et moyennant 200 livres par an, à Pierre et François Clerget, les terres de la chapellenie (1).

Le 22 juillet 1769, il loue la dîme curiale à Didier, vigneron, moyennant 1250 livres (2).

L'année suivante, le 27 octobre 1770, le fisc lui réclamait 56 livres, parce que depuis 1762, il n'avait pas payé le droit de contrôle établi par arrêt du 2 septembre 1760, sur le revenu des dîmes. Ce revenu était fixé par le procès verbal à une moyenne de 750 livres par an (3).

Peu après avoir résigné sa cure, l'abbé Bizot fit un dernier testament. Il déclare que lorsqu'il aura plu à Dieu de l'appeler à lui, il veut être inhumé dans le chœur de l'église d'Arc-sur-Tille, sur la tombe qu'il a fait poser, avec l'inscription qui commence par ces mots : *ad parochorum sepulturam,* etc. Ses obsèques devront être faites avec modestie, sans pompe, comme il convient à son état; on devra y inviter ses confrères voisins, afin qu'ils prient pour lui.

Tous ses biens meubles meublants, argent, valeurs, etc., reviendront à sa sœur Charlotte Bizot « pour la récompenser des peines, soins, affection, assiduité, avec lesquels elle a soulagé ledit testateur et veillé à la conservation de ses intérêts depuis plus de 40 ans. »

« Je donne, ajoute-t-il, à la fabrique d'Arc-sur-

(1) Arch. de la Côte-d'Or, C. 7676.
(2) Eod. loco, C. 7677.
(3) Eod. loco, C. 7678.

Tille la somme de 300 livres pour être employée à fonder à perpétuité en cette église deux messes hautes, la première, qui sera célébrée le jour de Saint-Sébastien, patron dudit testateur, de l'office du saint et la deuxième de l'office des morts à même jour qu'arrivera son décès. »

Il léguait encore 100 livres aux pauvres de la paroisse que désigneraient les habitants, puis des gages et des récompenses à ses domestiques.

Ses biens patrimoniaux devaient être partagés entre ses frères et sœurs, neveux et nièces.

Il semble que M. Bizot fut assez souvent malade en 1746-1747. Il tombe malade en mai et est suppléé par Simon, curé de Bressey, du 3 au 13 mai ; puis par l'abbé Claude Bernard, prêtre du diocèse de Dijon du 13 au 23 mai. A partir du 23 mai, c'est son frère le curé de Talmay qui le remplace ; le 7 juin, c'est un capucin le P. Carrelet ; le 8, c'est de nouveau l'abbé Bernard. L'abbé Bizot signe un acte le 29 juin, mais il fait une rechute le 9 juillet et est encore suppléé par l'abbé Claude Bernard. Il reprend ses fonctions le 13, puis il est absent du 25 août 1746 au 3 avril 1747. Il est remplacé d'abord par le P. Carrelet, puis par l'abbé Bouhier du 11 novembre 1746 au 25 mars 1747. A partir du 6 février, l'abbé Bouhier signe comme vicaire d'Arc.

M. Bizot avait reçu sur la fin de sa vie les titres honorifiques de Doyen et d'Archiprêtre.

Nous donnons l'acte de sa sépulture et une notice biographique qui y fait suite dans le registre paroissial, et qui a été écrite par l'abbé Terguet.

« L'an 1773, le 29 décembre est décédé M. Sébastien-Henry Bizot, archiprêtre, ancien curé d'Arc-sur-Tille, âgé de 80 ans, muni des saints sacrements de Pénitence et Extrême-Onction, et autres secours spirituels de l'église. Son corps fut inhumé au cœur de l'église de cette paroisse, sous la tombe *ad parochorum sepulturam*, en présence de Mlle Charlotte Bizot, sa sœur, de M. Bernard, conseiller, notaire royal à Dijon, son cousin, de M° Nicolas Terguet, prêtre curé d'Arc-sur-Tille, inhumé par M° Claude Alexis Le Fèvre, curé de Bressey et en présence du sieur Jacquemard, bourgeois audit Arc-sur-Tille et de messieurs les prêtres curés soussignés et de tous les habitants dudit Arc-sur-Tille. » Ont signé les curés de Norges, de Binges, d'Arceau, Beire, Belleneuve, Bressey, Rouvres, Couternon ; vicaires d'Arceau, de Varois et Lefèvre, chanoine, curé de St-Sauveur.

NOTICE BIOGRAPHIQUE

« Le 26 avril 1693, naquit à Mats, annexe de Coublanc, diocèse de Langres, M° Sébastien Bizot d'une famille honnête et encore plus vertueuse. Il fit ses études à Dijon avec un succès qui annonçait sa pénétration et son application ; il servit de répétiteur pour la logique à MM. de Rochefort, de Macis et Messieurs Fiot, et ensuite fit son séminaire à Saint-Irénée de Lyon après cinq années de théologie. Mgr de Lyon voulut se l'attacher, mais son inclination pour les personnes qui l'estimaient à Dijon et encore plus son amitié pour sa famille, qui venait de perdre son chef, l'y ramena. Il entra chez M. le Président Bouhier dont il se proposait d'élever le fils; il n'y avait qu'un an qu'il y était, lorsque M. l'abbé Fyot, abbé de Saint-Etienne, pour reconnaître les soins de M. Bizot pour ses neveux, le nomma le 23 janvier 1720 à la cure d'Arc-sur-Tille dont il a gouverné avec un zèle et une prudence admirables les paroissiens pendant près de 54 ans, n'usant du crédit prodigieux qu'il avait sur ses amis et surtout sur Messieurs de Tavanes que pour faire rentrer ses ouailles dans le bercail et les ramener dans l'ordre qu'ils paraissoient vouloir troubler; le Seigneur a voulu couronner ses vertus en l'appelant à lui : ce jour a été le 29 décembre 1773, ayant offert le Saint Sacrifice le 27. Sa mort a été subite pour nous, mais elle ne l'a pas été pour lui, parce qu'il s'y préparait depuis deux ans avec une résignation vraiment chrétienne ; nos regrets l'accompagnent à son tombeau et ne finiront qu'au nôtre.

A Arc-sur-Tille le 7 janvier 1774.

Terguet
Curé dudit lieu.

Nous avons dit que le successeur de M. Bizot fut l'abbé Terguet, qui avait été son vicaire.

Nicolas Terguet est né à Arc-sur-Tille le 11 février 1740. Il était fils de M⁰ Louis Terguet, chirurgien à Arc-sur-Tille et de Charlotte Beaufort. Cette dernière était originaire de Seurre et il est probable que Louis Terguet était aussi de cette ville (1). Ils étaient venus s'établir à Arc vers 1738. Du moins, leurs noms figurent pour la première fois en 1738 sur les actes religieux d'Arc-sur-Tille : il

____

(1) Une pièce du 13 février 1781 dit, en effet, que Marguerite Terguet, sœur de l'abbé Terguet est fille du Sr Louis Terguet, *bourgeois de Seurre. Arch. dép. de la Côte-d'Or, B.* 428.

leur naît un fils Barthélemy qui meurt le lendemain de sa naissance. Ils ont Nicolas en 1740 ; en 1741, Etienne mort à 3 mois ; Bernarde en 1742, qui a pour parrain Me Nicolas Beaufort, vannier à Dijon ; Catherine en 1743 ; Jean en 1744 ; une autre Catherine en 1749. En cette même année 1749, Louis Terguet est substitut du procureur d'office à Arc-sur-Tille. Il dut quitter peu après Arc pour Dijon, car en 1754, il perd un fils Jean qui était en nourrice à Arc, qui n'y est pas né et qui est dit fils de Louis Terguet, bourgeois de Dijon.

Nous ne savons rien de la jeunesse ni des études de Nicolas Terguet (1). Il fut nommé vicaire à Arc le 13 mars 1767 et il resta vicaire jusqu'en 1771 ou 1772. Il venait d'être nommé chapelain à Lamarche, quand l'abbé Bizot qui était âgé et malade résigna la cure d'Arc en sa faveur. Terguet fut curé d'Arc à partir du 2 mars 1772. Dans la *Révolution à Arc-sur-Tille*, nous avons longuement parlé de lui, de ses luttes avec Calignon, Jacquemard, Madénié. Nous y renvoyons pour les détails.

Rappelons seulement qu'il fut le premier maire élu d'Arc-sur-Tille, mais qu'il souleva beaucoup d'inimitiés. Dénoncé par la Société populaire, il fut trois fois arrêté et emprisonné à Dijon. Il avait prêté le serment constitutionnel en 1791, puis le serment dit de Liberté en 1793. Arrêté pour la troisième fois en 1793 et enfermé au Grand Séminaire, transformé en prison, il se rétracta le 24 décembre 1793 et fut

---

(1) Dans une lettre de lui, que nous avons publiée (voir la *Révolution à Arc-sur-Tille*, page 76), il dit que, dans sa jeunesse, il a servi le roi avec l'éloge de ses supérieurs, au régiment de Guyenne. Il se serait donc destiné d'abord à la carrière des armes.

réhabilité. Libéré défiuitivement le 8 mars 1795, il revint à Arc-sur-Tille, prêta le 9 janvier 1796 le serment de soumissiou, puis le 10 octobre 1797, le serment de haine à la royauté (1). Le 25 novembre 1797, il demanda à reprendre l'exercice du culte. Sa demande reçut une réponse défavorable le 28 janvier 1798.

Quand Terguet eut été arrêté eu 1793, aucun des curés du voisinage ne put le suppléer et des cadavres restèrent trois jours sans être inhumés. Le village protesta auprès du Directoire du district et l'évêque constitutionnel Volfius fut invité à envoyer un curé à Arc pour éviter le renouvellement d'un pareil scandale.

Volfius répondil le 3 mai. Il avait invité Ladmiral, vicaire d'Arceau à desservir Arc-sur-Tille. Celui-ci était venu le prévenir le samedi qu'il n'acceptait pas ce binage ; mais l'évêque lui en fit une obligation et Ladmiral parut se soumettre, mais il n'obéit pas, et le lundi les habitants s'étaient plaints à l'évêque de n'avoir pas eu de messe le dimanche et que de plus deux morts fussent restés plusieurs jours sans sépulture. L'évêque alors somma Ladmiral de desservir Arc ; celui-ci répondit qu'il n'en ferait rien. Or, le curé d'Arceau avait pris un vicaire à cause de ses infirmités, mais il pouvait dire la messe, et son vicaire pouvait donc sans difficulté

(1) Dans la *Révolution à Arc-sur-Tille*, nous avons montré à plusieurs reprises, combien Terguet partageait les idées révolutionnaires. D'après les registres religieux de la paroisse, il alla même jusqu'à exiger le serment civique des parrains et marraines. Voici un acte de baptême redigé par lui en 1790 : « Pierre, fils de Jacques Chaumette..... fut baptisé par moy curé dudit lieu, eut pour parrain Pierre Verrey... et pour marraine Marie Dechaut... après avoir fait le serment civique d'être digne à la loy, au roy et à la bation. »

aller dire la messe à Arc. Volfius faisait remarquer au district qu'il l'avait mis au courant de cette situation et que, dans une question qui n'était pas purement spirituelle, mais qui touchait à la tranquillité publique, c'était au directoire à obliger un vicaire à l'obéissance. Quant à lui, il ne disposait d'aucun prêtre. Aussi envoyait-il aux administrateurs du district la nommination de Ladmiral à la desserte d'Arc et il les priait de l'inviter à s'y conformer.

Les administrateurs répondirent à Volfius qu'il leur paraissait dangereux d'envoyer, dans un village où la division règne entre les citoyens un homme faible, sans énergie comme Ladmiral contre lequel une partie de la paroisse est prevenue et qui, en montrant autant de mauvaise volonté, ne paraît guère propre à rétablir l'ordre et le calme. Ils invitent donc de nouveau l'évêque à envoyer à Arc l'un de ses vicaires, par exemple le citoyen Goureau. Qu'en fut-il? nous l'ignorons et nous n'avons pu savoir comment Arc-sur-Tille fut desservi. Mais cet incident méritait d'être signalé : il montre combien les évêques constitutionels avaient peu d'autorité sur les prêtres assermentés.

Terguet s'était bâti dans la rue de la Cras, derrière la cure, une maison que sans doute il habitait, car la cure avait été louée à Marchant. Sa mère avait longtemps habité la cure, puis elle s'était retirée dans cette maison avec ses deux filles. Elle y mourut le 27 prairial an V et sa sœur Marguerite, veuve Gouget devait y mourir en 1824 à 76 ans.

Terguet avait quitté Arc-sur-Tille (1). Le 10 fruc-

<hr>

(1) Le passeport qui lui a été délivrée est du 3 floréal an VI.

tidor an VI (28 août 1798), le registre des délibérations constate qu'il lui a été payé 125 francs pour le
quart du taux de sa pension pendant six mois, et en
face est collée une fiche qui porte cette mention :

« Je, soussigné, déclare à l'administration municipale du canton d'Arc-sur-Tille que je transporte
tous droits de citoyen dont j'ai joui à Arc-sur-Tille
pour les retrouver à Paris où j'ai fixé ma résidence.
Aussi je demande la radiation de mon nom sur les
registres pour ce fait, déclaration dont je demande
la réception pour être représentée à la municipalité
de Paris où je fixe ma nouvelle résidence. A Paris,
le 6 fructidor an 6 de la République. *Signé :* Terguet. »

Le 23 fructidor, cette déclaration est insérée et
l'administration certifie la notoriété de la bonne
conduite du citoyen Louis Terguet.

Il devait d'ailleurs bientôt quitter Paris pour
Versailles, car le 29 nivôse, an VII (19 janvier 1799)
sur la demande de Catherine Terguet, sa sœur,
l'administration municipale lui délivra un nouveau
certificat : « Nous, soussignés, administrateurs
municipaux de la commune d'Arc-sur-Tille, certi-
fions, sur l'attestation des citoyens Claude Brullebaut, François Bordot, et Jean Maître, tous domi-
ciliés à Arc-sur-Tille, que le citoyen Nicolas Terguet, âgé de 58 ans, ci-devant ministre du culte
catholique, taille d'un mètre 70, cheveux et sourcils
blonds, yeux gris, front découvert, nez long, bouche
moyenne, menton rond, visage long et gravé de la
petite vérole, designé dans l'attestation ou le certificat qui nous a été présenté par la citoyenne Catherine Terguet, sa fondée de pouvoir, a résidé sans

interruption à Arc-sur-Tille dans la maison à lui appartenant depuis 1766, jusqu'au 20 floréal dernier, ledit certificat délivré par l'administration de Versailles le 13 nivôse du présent mois, légalisé par l'administration de la Seine-et-Oise le 18 dudit mois et enregistré par nous qui a reçu un franc. 29 nivôse an 7. »

Le 20 germinal, Catherine Terguet se faisait délivrer un passeport pour se rendre à Versailles avec la citoyenne Claudine Troisgros, probablement une domestique.

Lors de la réouverture des églises, Terguet demanda une cure à l'évêché. On le nomma à Lantenay ; il n'accepta pas et repartit pour Versailles où il fut successivement curé de Fontenay-le-Fleury, puis, le 1er octobre 1812, du Chesnay où il mourut le 21 septembre 1815. Il ne figure pas dans la grande enquête faite sur le clergé du diocèse de Versailles en 1798, quoiqu'il ait dû cette année même arriver dans le diocèse de Versailles, sans doute après l'enquête. « Tout ce que l'on peut dire, nous a écrit M. l'Abbé Alliot qui était archiviste de ce diocèse, c'est que pour être pourvu d'un double poste dans le canton de Versailles, Terguet devait être fort recommandé à Mgr Charrier de la Roche ou à son entourage. C'était d'ailleurs un assermenté et c'était un titre à ce moment-là et dans ce milieu-là. »

Terguet laissait quelques biens à Arc-sur-Tille, entre autres sa maison de la Cras et des terres, dont un domaine acheté le 20 septembre 1788 à Bernard Sigaud, maître faïencier à Dijon. Ces biens furent vendus par ses héritiers qui étaient Hippolyte Nicolas Gouget, propriétaire à Versailles, fils de sa sœur Marguerite-Adélaïde, et les trois fils de sa sœur Catherine, mariée à François Naud, propriétaire à Mavilly (Saône-et-Loire), savoir : Charles, pharmacien à Semur, Nicolas, décédé horloger à Dijon, représenté par ses fils Léonard et Nicolas, horloger à Beaune, et enfin Denis, propriétaire à Mavilly.

Les terres furent achetées par Claude Lalouet, propriétaire à Remilly et la maison par Gaspard Communaux, propriétaire à Dijon.

L'église d'Arc-sur-Tille dût rester fermée assez longtemps après le départ de M. Terguet. En effet le 2 pluviose an VII, jour anniversaire de la mort de Louis XVI, les habitants s'assemblent dans l'église encore transformée en temple décadaire, et l'on y chante des hymnes patriotiques et un hymne à l'Etre Suprême. Nous ne trouvons aucune mention d'office religieux, jusqu'à la nomination comme curé de l'abbé Beaulieu, le 3 janvier 1803.

François Beaulieu était né à Dijon le 19 juillet 1734 ; il était fils d'Alexandre Beaulieu, maître écrivain juré domicilié à Dijon. Il fut curé de Franxault en 1782 (1) ; il dût prêter le serment constitutionnel, abdiqua même la prêtrise en 1794 et se retira à Dijon (2). Revenu plus tard à résipiscence, il fut envoyé à Arc-sur-Tille. Il devait y rester jusqu'à sa mort arrivée en 1818 ; il avait 84 ans. Il fut chargé de la desserte de Remilly jusqu'au mois d'avril 1804.

Il dut, pendant les années 1803 et 1804, réhabiliter

____

(1) Maillard, Notice sur Franxault.
(2) Archives Départ., L. 627.

huit mariages civils et baptiser deux enfants nés en 1799.

Le 19 décembre 1816, il avait bénit la cloche Bernarde, comme nous l'avons déjà dit.

On raconte qu'entre le chapelet et les vêpres, il y avait un petit intervalle, pendant lequel les jeunes gens et les jeunes filles, sous les yeux de leurs parents, prenaient leurs ébats et dansaient sur la place de l'église. Le curé assistait volontiers à ces jeux et il répétait fréquemment aux jeunes gens : « Allons donc ! garçons ! secouez vos puces ! »

L'abbé *Claudon*, curé de Remilly fut chargé de la desserte d'Arc-sur-Tille jusqu'au mois d'août 1820. Le 20 mai 1819, il bénit la cloche Michelle-Henriette ; le maire, M. Charbonnier et l'adjoint M. Denis Piot assistaient à la cérémonie. C'est à M. Claudon qu'on avait attribué la pièce de vers sur l'église et sur la cure, citée par nous dans le chapitre de la cure.

L'abbé *Pierre Comtesse* fut nommé en 1820. Il était né le 3 août 1791. D'après l'abbé Deguin (1), il était originaire d'Alsace et il avait été choqué de certains abus qu'il voulut faire disparaître ; mais les moyens violents qu'il employa lui aliénèrent ses paroissiens et il dut demander son déplacement. Cependant le conseil municipal lui avait alloué un supplément de traitement qui fut porté à 500 fr. en 1821, avec cette mention : « Le mérite de M. Comtesse doit lui obtenir cette augmentation. » Il partit en laissant la réputation d'un homme intelligent et instruit, mais original à l'excès.

Le 6 octobre 1822, le conseil municipal avait

____

(1) Ms de M. l'abbé Deguin, en notre possession.

consenti à payer 250 fr. de réparations que l'abbé Comtesse avait faites à la cure, mais il l'invita à ne plus en faire sans autorisation. L'abbé Comtesse ne tint pas compte de cet avertissement et, de sa nouvelle paroisse, il écrivit au maire pour lui demander le remboursement de 200 fr. d'améliorations qu'il avait encore faites dans le jardin de la cure. Le conseil refusa, mais consentit pourtant à payer 94 fr. qui étaient encore restés en souffrance.

Son successeur, l'abbé *Charles-Dieudonné Japiot* exerça le ministère du culte à Arc du 15 août 1823 à 1825. Il a eu une vie assez mouvementée. Né le 3 mars 1797 à Occey (1), d'après le registre du personnel de l'évêché de Dijon, il entra au grand séminaire où il reçut la tonsure en 1821. Il fut envoyé en 1821 et 1822 au petit séminaire de Plombières où il fut successivement professeur de 5°, puis de 2°. Devenu prêtre en 1823, il fut envoyé à Arc-sur-Tille où il ne resta que deux ans. Il fut ensuite curé de Bèze, supérieur du petit séminaire, chanoine honoraire, curé de Nicey, Riel-les-Eaux, Minot, puis professeur de philosophie à Rennes. Nous l'avons encore vu à Dijon où il s'était retiré et où il habitait dans la rue du Bourg. Nous ne savons pas s'il est mort à Dijon (2).

L'abbé *Jean-Baptiste Bugnot*, né à Nolay, le 10 février 1795, fut nommé le 10 octobre 1825 et resta à Arc jusqu'au 5 juillet 1855. Il eut ensuite la cure de Magny-sur-Tille où il mourut.

(1) Près de Prautoy, (Haute Marne).

(2) Sur tous les curés qui se sont succédé à Arc depuis la réouverture des églises jusqu'à l'abbé Japiot, nous devons beaucoup de renseignements à M. l'abbé Debry, curé d'Ahuy, nous lui en offrons nos bien sincères remerciements.

C'est sous l'abbé Bugnot que fut construite et bénite l'église actuelle. Avant que l'ancienne église ne fut démolie, M. Bugnot distribua entre les paroissiens les statues des saints qui s'y trouvaient et eut le tort de ne pas les redemander lors de l'ouverture de l'église nouvelle.

M. Bugnot bégayait un peu ; il était passionné pour la musique ; nous l'avons entendu jouer de la contrebasse et de l'orgue, et, sous lui, les chants liturgiques étaient accompagnés par un alto ; c'était un musicien du village, nommé Pâris, qui jouait de cet instrument.

Ce fut sous lui que, le 29 mars 1844, par mandement de l'évêque de Dijon, la paroisse d'Arc fut consacrée au Sacré-Cœur de Jésus ; presque toute la paroisse assista à la cérémonie.

De cette époque lointaine, nous nous rappelons les longues processions des Rogations, auxquelles assistaient la plus grande partie des paroissiens : l'une d'elles suivait les rues de l'Eglise, des Fosses, du Moulin-Lajus, le chemin de Chézeau, et les rues de la Guillotière, de la Belle-Croix, la rue Tarnier et la rue de l'Église. Une autre passait par la Rigole, suivait la route jusqu'au Guidon et revenait par le chemin du Dos d'Ane. La troisième faisait le tour du faubourg de la Cras par le Meutot et la rue de la Cras.

L'église neuve avait été bénite par M. Comparot, curé de Saint-Michel, désigné par le vicaire général capitulaire.

La paroisse qui avait traversé péniblement les années de la Révolution et qui était restée pendant trente ans sous la direction de M. Bugnot, prêtre d'une grande bonne volonté sans doute, de beaucoup de zèle aussi, mais peu instruit et n'ayant pas toutes les qualités d'initiative, de tact et d'autorité nécessaires dans un bourg de près de 1.200 habitants, avait besoin d'être secouée et excitée. Il fallait un prêtre plus jeune.

L'évêque de Dijon, Mgr Rivet en décida ainsi. L'abbé Bugnot fut envoyé à Magny-sur-Tille. L'un des fabriciens, M, Coulon, fit signer aux habitants une pétition à l'évêque, lui demandant de leur laisser leur vieux curé. Mais la décision de Mgr Rivet resta définitive et un jeune-curé, l'abbé *Philippe Soupey* fut nommé pour le remplacer.

M. Soupey était né à Dijon le 13 décembre 1818. Une éducation fortement chrétienne, l'intérêt que lui porta M. l'abbé Clerc, vicaire alors de Saint-Michel et plus tard archiprêtre de Beaune et l'influence du saint curé d'Ars, le disposèrent au sacerdoce.

Auparavant il avait été plusieurs années précepteur dans la famille Démorey à Gevrey et il y avait eu comme élèves l'excellent Dr Démorey dont le souvenir est encore vivant à Dijon, puis les deux frères Valson, tous les deux professeurs de l'Université et dont l'un, après avoir été professeur à la Faculté de Grenoble, termina sa carrière comme professeur à l'Université Catholique de Lyon, et enfin M. Soret, professeur d'histoire au Lycée de Chaumont.

Devenu prêtre, il fut successivement vicaire de Montbard, sous la direction de son bienfaiteur, M. Clerc, puis curé d'Echalot, où il eut comme élèves le futur général Rossin et l'abbé Clémencet qui devint archiprêtre de Semur.

C'est d'Echalot qu'il fut appelé à Arc-sur Tille où il fut installé le 22 août 1855 par M. Girardot, curé de Saint-Michel. Il allait transformer la paroisse. Disons d'ailleurs que, malgré les incidents de la Révolution, les luttes malheureuses de l'abbé Terguet, l'insuffisance de M. Bugnot, il restait dans les âmes un grand instinct religieux : la mauvaise presse n'avait pas encore produit le mal qu'elle a fait depuis.

M. Soupey fut vite populaire : il parlait à tout le monde, voyait tous ses paroissiens, courait à eux aussitôt qu'il les savait malades, s'attachait aux enfants qui l'adoraient et le craignaient tout à la fois, les visitait dans les écoles pour récompenser les plus sages et les plus laborieux, en choisissait une douzaine pour en faire des enfants de chœur. Bientôt la fréquentation des offices se faisait nombreuse ; on accourut en foule aux instructions du Carême ; on se pressa pour l'entendre les dimanches et les jours de fête ; l'église devenait trop petite et les places y manquaient ; nombre d'âmes revinrent à la pratique de la religion. Peu à peu toutes les femmes remplirent leurs devoirs religieux, et dès la messe de minuit de 1855, on compta 230 communions.

M. Soupey rétablit alors les deux Confréries du Saint-Sacrement et de la Sainte-Vierge qui avaient disparu pendant la Révolution. La première rétablie le jour de Noël 1856 recevait les hommes et les femmes ; la première réunion compta 30 hommes et 100 femmes. La Confrérie de la Sainte-Vierge qui recevait exclusivement des jeunes filles fut établie le jour de l'Immaculée Conception, le 8 décembre 1859 ; elle comprit d'abord 60 jeunes filles.

La Propagation de la Foi avait été établie le 2 décembre 1855, celle de la Sainte-Enfance le fut le 23 janvier 1859 avec 14 sections.

Dès le 9 octobre 1855, Mgr Rivet donna au nouveau curé une marque de bienveillance et d'affection : il passait ce jour-là qui était un dimanche à Arc-sur-Tille ; il s'y arrêta, vint faire visite au curé et présida les vêpres.

Il devait revenir confirmer le 15 mai 1857 ; il y eut 300 communions et 180 confirmands. Mais à la confirmation suivante qui eut lieu le 16 juin 1863, on vit un spectacle inoubliable. La compagnie des Sapeurs-Pompiers assistait en grande tenue à la cérémonie. Au moment de la communion, 10 ou 12 pompiers déposèrent leurs casques et vinrent s'agenouiller à la Sainte-Table ; il y eut 446 communions et 128 confirmands.

La compagnie des pompiers assistait aussi aux processions de la Fête-Dieu, qui se faisaient en grande pompe à travers les rues du village : les chants des chantres et les chœurs des jeunes filles vêtues de blanc, alternaient avec les sons des tambours et des clairons ; des quantités d'enfants de chœur vêtus de soutanelles rouges et de surplis blancs et couronnés de roses jetaient des fleurs ou balançaient leurs encensoirs devant le Saint-Sacrement ; les rues étaient jonchées de verdure et de fleurs, et des reposoirs richement ornés s'élevaient sur les places ou dans les carrefours.

M. Soupey entreprit une autre œuvre : il distingua d'abord trois enfants du village dont je fis partie, puis plus tard plusieurs autres et leur fit faire ou commencer leurs études. Son but était évidemment d'en faire des prêtres, mais sans presser autrement sur leur volonté, et, ne reconnaissant pas en moi la vocation du sacerdoce, il me poussa vers l'Université. Trois de mes camarades devinrent prêtres et comptèrent parmi les prêtres les plus distingués du diocèse : l'abbé Bourgeot est mort curé doyen de Gevrey; l'abbé Eugène Meurgey, curé de Saint-Pierre de Dijon, puis chanoine honoraire et curé-doyen de Mirebeau fut obligé par la maladie de se retirer à Arc-sur-Tille où il est mort ; il ne reste plus que l'abbé Antoine Meurgey, curé-doyen d'Aignay-le-Duc.

D'autres jeunes gens, par son influence et celle du bon, de l'excellent maître qu'était M. Fauconney, se destinèrent à l'enseignement primaire et devinrent de bons instituteurs.

La nouvelle cure avait été bénite le 15 avril 1858. D'assez vastes pièces, une grande cour, un beau jardin permirent à M. Soupey d'augmenter le groupe des enfants et jeunes gens qui se réunissaient à ses élèves pour passer chez lui l'après-vêpres et la soirée du dimanche. M. Soupey savait les intéresser et les faisait jouer aux jeux les plus variés. C'était un grand bonheur d'être admis dans ce patronage avant la lettre.

Disons que M. Soupey était merveilleusement secondé. C'était d'abord par l'instituteur, M. Fauconney, ainsi que par les institutrices Mlle Lambert, devenue bientôt Mme Sossivet, puis surtout par Mesdemoiselles Burtey, Mlle Annette qui devint religieuse de Sainte-Marthe, puis Mlles Catherine et Marie. Il y avait aussi dans le village une receveuse des postes Mlle Marie de la Plane, très pieuse, excellente musicienne, qui dirigeait le chœur des jeunes filles, tandis que sa sœur aînée Mlle Louise visitait les pauvres, les malades et préparait ceux-ci à une mort chrétienne. Les autres fonctionnaires de la commune ou du canton étaient non moins méritants. En premier lieu le juge de paix, le vénérable M. Simerey, qui allait devenir conseiller à la Cour d'appel ; le percepteur, M. Courtois ; le maire, M. Thibault-Berger, homme supérieur au milieu où il était né, bon administrateur, chrétien ferme et zélé, trop souvent méconnu.

La paroisse d'Arc-sur-Tille était transformée ; le village paraissait heureux, privilégié, lorsqu'éclata la terrible guerre de 1870. Nous ne parlerons pas de l'occupation du village par les Prussiens ; ce n'est pas le lieu : le village fut assez rudement éprouvé. Malheureusement après la paix, la mauvaise presse, et les instincts démocratiques et même démagogiques d'une partie des habitants, instincts que le gouvernement de l'empire avait paru contenir, et qui alors se firent jour, amenèrent au pouvoir ce parti du désordre et de la haine, qui triomphe toujours aux jours de trouble et de confusion. M. Soupey avait un modeste supplément de traitement que lui faisait la commune ; les nouveaux élus le lui supprimèrent et M. Soupey accepta son déplacement toujours refusé jusqu'alors ; il fut nommé curé-doyen de Saint-Seine-l'Abbaye, puis de Saulieu. Dans cette petite ville, il forma encore deux élèves dont l'un l'abbé Mangey alla mourir comme missionnaire en Chine et dont l'autre l'abbé Narbonne est aujourd'hui curé de Sainte-Colombe-sur-Seine.

Devenu infirme et hors d'état de continuer son ministère, M. Soupey, nommé doyen honoraire, se retira auprès de l'un de ses élèves, l'abbé Bourgeot, curé de Gevrey. Il y mourut à 82 ans, le 27 janvier 1902, après une vie utilement et chrétiennement remplie.

Ce n'est qu'avec regret qu'il avait quitté Arc-sur-Tille où s'étaient passés, au milieu de l'affection publique, les plus beaux jours de sa vie. Il regretta toujours cette paroisse. Il écrivait le 4 juin 1877 : « Je suis triste ce matin. J'ai fait une grande faute autrefois de quitter Arc. Oh ! la vanité est une chose terrible ! » Et le 18 juin 1878 : « Retour sur le passé, si je pouvais revenir à 20 ans avec ce que je sais et ce que j'ai expérimenté, j'agirais tout autrement et je serais encore tout bonnement à Arc que je n'aurais jamais dû quitter. »

Le successeur à Arc de M. Soupey fut *M. Grognot*, qui prit possession de la cure le 29 septembre 1872 ; il mourut curé de Brazey-en-Plaine. Il avait quitté Arc en 1878.

Après lui, *M. Deguin* essaya de reprendre les traditions de M. Soupey en préparant des jeunes gens pour le sacerdoce. Mais bientôt, en 1885, il fut nommé professeur au Collège Saint-François de Sales à Dijon, laissant son œuvre inachevée : l'un de ses élèves, le jeune Louis Clerget mourut très jeune ; l'autre Victor Jougant renonça au séminaire, devint clerc de notaire et mourut bravement au champ d'honneur pendant cette dernière guerre.

M. Deguin avait entrepris d'écrire l'histoire du village d'Arc ; malheureusement son travail que nous possédons est à peine ébauché.

M. l'abbé *Munier*, originaire d'Auxonne, remplaça M. Deguin. Il avait été nommé le 13 octobre 1885 et il resta à Arc jusqu'au 17 juillet 1901. Sa santé très affaiblie l'obligea alors à se retirer à Dijon.

Grâce à lui, deux enfants d'Arc devinrent prêtres, l'abbé Utinet, curé de Talmay et l'abbé Picard, aumônier de Saint-Joseph de Dijon.

Nous avons dit ci-dessus tous les embellissements qu'il fit dans l'église, et les améliorations qu'il réalisa dans la cure. Aussi doit-on le regarder comme un bienfaiteur de la paroisse. L'une des verrières de l'église conserve son portrait et maintiendra sa mémoire dans notre village.

Après lui, M. l'abbé *Bâtard* nommé en juillet 1901 est resté à Arc jusqu'en 1907. Il devint alors chancelier de l'Evêché. C'est sous lui qu'eut lieu la séparation de l'Eglise et de l'Etat et que se firent les inventaires.

Nous croyons devoir rapporter ici les procès-verbaux des deux dernières réunions du Conseil de fabrique.

« 1905, 31 décembre. Le boni est de 195 fr. 45.

« Le Président parle alors au Conseil de l'inventaire imminent, selon la loi du 9 décembre 1905, et il propose de fixer l'attitude à prendre par le Conseil lors de l'inventaire. Le Conseil décide à l'unanimité que deux de ses membres au moins se trouveront à l'église pour recevoir le représentant de l'administration des domaines ; qu'ils liront une protestation dont la rédaction est abandonnée à M. le Curé; qu'ils suivront l'administrateur en témoins rigoureusement passifs, qu'ils feront au cours de l'inventaire toutes les réserves que de droit, surtout selon l'acte du 1er mai 1885 (inventaire des objets appartenant à M. Deguin) consigné dans ce registre au départ de M. l'abbé Deguin. »

« Dernière séance du Conseil de fabrique d'Arc-sur-Tille.

« L'an 1906, le 10 décembre, le Conseil de fabrique s'est réuni à la sacristie.

« M. le trésorier rend compte de sa gestion et présente ses comptes arrêtés au présent jour, desquels il résulte qu'il a reçu 539 fr. 80 qui, avec le boni en caisse au 31 décembre précédent, soit 195 fr. 45, lui donnait un total de 735 fr. 25 ; qu'il a payé d'après mandats réguliers la somme de 735 fr. 25 ; qu'il reste dû à l'abbé Picard sur son allocation de 50 fr. la somme de 3 fr. 70. Après quoi, avant de se séparer, le Conseil de fabrique à l'unanimité des membres présents déclare renouveler de la façon la plus formelle et la plus énergique toutes ses protestations antérieures contre la loi du 9 décembre 1905, dite de séparation des Eglises et de l'Etat. Au moment où, par l'effet de cette loi, sa mission va prendre fin, il déclare que, chargé d'administrer des biens qui appartiennent à l'Église, c'est à l'Eglise seule qu'il en doit compte et qu'il peut les remettre. En conséquence et pour se conformer aux instructions qui ont été données par l'autorité ecclésiastique, il dépose les titres et documents fabriciens dans l'armoire à trois clefs (meuble qui en tient lieu) et y laisse la clef, déclinant toute responsabilité dans la prise de possession qui pourra en être faite par le séquestre, agissant au nom de l'Etat. Arc-sur-Tille, le 10 décembre 1906. *Signé* : J. Luminet, Lebault, Morot, Garcenot. »

L'inventaire, prévu par la loi de séparation, n'eut lieu que le 5 février 1907. Il fut fait par M. Beuvet, sous-inspecteur de l'enregistrement, accompagné bénévolement par le maire M. le Dr Bourgeot.

Aussitôt qu'il fut entré dans l'église, le curé, M. l'abbé Bâtard, M. Morot, président et M. Garcenot, trésorier du Conseil de fabrique se présentèrent et la protestation suivante fut faite par M. le Curé :

« M. le sous-Inspecteur, Pour votre inventaire, vous avez le champ libre, parce que vous êtes la force et parce que nos instructions diocésaines nous demandent de ne pas résister par la lutte ; mais nous tenons, le Conseil de fabrique et moi, à ce que vous entendiez d'abord notre protestation formelle.

« Ce que nous avons acquis peu à peu, grâce à une gestion économe, ce que nous avons reçu de la libéralité des fidèles *n'est pas à nous,* mais à l'Eglise Catholique. Ce sont des biens dont nous avons seulement l'administration et la garde. Sans l'agrément du Souverain Pontife nous ne pouvons consentir ni à en livrer la nomenclature, ni à nous en dessaisir. Nous les retenons en conscience. Avant de subir l'inventaire, nous faisons toutes les réserves que de droit.

« Si nous sommes ici à cette heure, ce n'est donc point pour patroner votre opération, pour y coopérer, mais seulement pour obéir à l'autorité diocésaine : être non vos témoins instrumentaires, mais des spectateurs attristés.

« Nous demandons que cette protestation soit inscrite à votre procès-verbal. Le Président du conseil, Morot, le curé, Bâtard, le trésorier, Garcenot.

Tel fut l'aboutissement de notre Kulturkampf. La lutte religieuse commencée sournoisement par Gambetta d'accord avec Bismarck et dont le but était alors de détourner les yeux de notre frontière perdue du Rhin, s'était terminée sous le ministère Combes par une séparation violente et injurieuse pour le pape. L'Église, malgré les engagements pris, était pour la deuxième fois dépouillée de ses biens ; on nous laissait à peine, à nous catholiques, la jouissance précaire de nos églises et nous allions de plus en plus dépendre du bon plaisir des municipalités. Au moment de la guerre, il se fit une union sacrée entre les partis, qui put faire espérer aux catholiques que leurs libertés allaient leur être rendues. Il n'en fut rien à Arc-sur-Tille : en pleine guerre, un arrêté interdit de nouveau les processions, défendit aux paroissiens de faire une escorte d'honneur à leur évêque pour se rendre de la cure à l'église, sous le prétexte menteur que ces manifestations sont de nature à porter atteinte au bon ordre et à la tranquilité publique.

Pouvons-nous espérer enfin en des temps meilleurs ? Il semble qu'une accalmie se produit, mais les efforts de la Libre-Pensée, c'est-à-dire de la franc-maçonnerie n'ont pas cessé. Ces sociétés secrètes odieuses qui veulent dominer et opprimer tout ce qui ne pense pas comme elles, sentent bien que le catholicisme est la plus puissante digue opposée à leur ambition, et elles voudraient le détruire. Nous continuerons à lutter certes, c'est notre devoir, mais ayons confiance ; Dieu ne nous abandonnera pas : les portes de l'enfer ne sauraient nous ébranler. Jadis, du sang des martyrs, naissaient des milliers de chrétiens. N'avons-nous pas vu le même miracle de nos jours ? Les persécutions ont amené une floraison nouvelle et une renaissance de la religion, et la jeunesse lettrée est redevenue en grande partie catholique.

Peu après sa protestation, le 21 mars 1907, M. l'abbé Bâtard quittait Arc et devenait chancelier de l'Evêché.

Il fut remplacé par M. l'abbé *Charles Lemnel* qui, pendant toute la guerre fut chargé, outre Arc et Couternon, des paroisses de Remilly et Bressey, et pendant un certain temps de Magny-Saint-Médard, Arcelot, Chaignot et Varois.

Sous lui, ont eu lieu les dernières réparations de l'église : réfection de la coupole du chœur et réparations de la toiture.

DEUXIÈME PARTIE

L'Ecole

___

CHAPITRE PREMIER

CONDITIONS GÉNÉRALES DE L'ENSEIGNEMENT PRIMAIRE PUBLIC.

Si nous n'avons pas trouvé de noms de curés à Arc-sur-Tille avant le XIV° siècle, il nous faudra attendre jusqu'au commencement du XVII° pour trouver des noms de maîtres ou de recteurs d'école.

Est-ce à dire que l'instruction des enfants était absolument négligée dans nos villages ? Nous ne le croyons pas. De tout temps, l'Eglise s'est préoccupée de cette question et il est probable que depuis long-temps il existait une école à Arc-sur-Tille, quand nous la trouvons indiquée dans les documents officiels. Les documents antérieurs font défaut, voilà tout. Mais Arc-sur-Tille ne devait pas plus manquer d'école que les autres localités du royaume.

Les Ordonnances royales de 1598, 1695, 1698, 1721 prouvent que l'enseignement primaire existait et que l'Etat y intervenait d'une façon directe.

Ainsi l'article 25 de l'ordonnance de 1695 dit que les maîtres doivent être approuvés par les curés des paroisses et les évêques, qui peuvent les interroger sur le catéchisme dans leurs visites.

L'ordonnance de 1698, article 9, dit qu'il y aura des maîtres et des maîtresses dans toutes les paroisses ; ils donneront l'enseignement religieux et conduiront tous les jours leurs élèves à la messe ; ils apprendront aussi à lire et à écrire à ceux de leurs élèves qui pourraient en avoir besoin. L'article 10 déclare que l'enseignement est obligatoire jusqu'à 14 ans.

L'ordonnance de 1721, article 7, établit que les procureurs royaux et les seigneurs hauts justiciers se feront remettre un état nominatif des enfants qui ne vont pas à l'école et puniront les parents d'une amende.

Il suit de là qu'il devait y avoir une école de garçons, et une école de filles par paroisse ou au moins une école mixte ; que la fréquentation de l'école était obligatoire, à moins que les parents ne fissent donner à leurs enfants une instruction domestique ; que l'enseignement religieux était le principal but de l'école ; que l'absence des enfants à l'école pouvait entraîner pour les parents des peines pécuniaires.

Ajoutons pourtant que ces ordonnances ne sont jamais appliquées avec beaucoup de rigueur ; mais en est-il autrement des règlements actuels ?

Il y avait plusieurs catégories d'écoles primaires, mais les vrais écoles primaires, celles qui répondent à nos écoles primaires d'aujourd'hui s'appelaient *petites écoles* dans les campagnes, *écoles de gram-*

maire dans les villes. Elles étaient placées sous la surveillance de l'autorité royale représentée par l'Intendant, et de l'autorité ecclésiastique représentée par l'Evêque ou le Chapitre. C'est un dignitaire du Chapitre qui est chargé de la surveillance des écoles et de l'installation des maîtres, ce dignitaire est appelé l'écolâtre, l'inspecteur, le chantre, le capiscole ou le chancelier. Parfois c'était l'archidiacre qui faisait cette surveillance, parfois c'était l'évêque lui-même.

Ces écoles ne pouvaient enseigner que la lecture, l'écriture, l'orthographe, l'arithmétique et bien entendu le catéchisme.

Les écoles des villes étaient tenues surtout par des ordres religieux ; c'étaient pour les garçons, les Frères de la Doctrine chrétienne, fondés par de la Salle en 1681, et les Doctrinaires. En 1789, les Frères avaient 129 maisons, comprenant environ 1000 Frères et recevant 10.000 élèves. Pour les filles, c'étaient les Ursulines avec 300 maisons, les Clarisses, les Visitandines, les Sœurs de la Croix, les Filles de la Sagesse, les Sœurs d'Evron avec 10.000 élèves, les Sœurs de la Providence avec 11.500 élèves, les Sœurs de Saint-Vincent de Paul avec 500 maisons. Si les écoles de filles paraissent plus nombreuses, il ne faut pas s'en étonner. Pour les garçons en effet, il existait encore de nombreux collèges qui donnaient l'enseignement secondaire.

Dans les campagnes, c'étaient plutôt des maîtres laïques. On les appelait précepteurs ou recteurs d'école. Le recteur était aussi chantre, sonneur, sacristain, greffier de la communauté, etc. Il était élu par les habitants, et parfois sa belle voix décidait de son choix.

Les ordonnances rendaient l'école obligatoire. Les procureurs généraux devaient recevoir la liste des enfants ne fréquentant pas l'école et pouvaient exiger des amendes des parents ; mais en fait l'obligation n'existait pas, sauf en Flandre et en Roussillon. En Flandre, les ordonnances municipales l'imposaient. Ainsi à Maubeuge, les parents devaient envoyer leurs enfants à l'école dès l'âge de six ans. Il en était de même dans le Roussillon. Parfois les parents pauvres qui n'envoyaient pas leurs enfants à l'école pouvaient être privés d'aumônes. On peut citer le testament du comte de Vertain qui établissait différents legs, mais en excluait les parents dont les enfants n'allaient pas à l'école. C'est un fait d'ordre privé, mais qui indique une préoccupation publique.

L'enseignement n'était gratuit que pour les pauvres ; les autres enfants payaient une rétribution de 5 à 10 sous, selon l'âge et l'enseignement.

Dans les villes, les maîtres étaient choisis par la municipalité qui s'adjoignait les notables, parmi lesquels figuraient les curés des paroisses. Dans les campagnes, c'étaient les pères de famille qui nommaient le maître ; mais l'élection n'était valable que lorsque l'intendant et l'autorité ecclésiastique l'avaient approuvée. Il n'existait pas de diplômes. Le maître était choisi sur sa bonne réputation ou d'après un examen qu'on lui faisait subir.

Vers la fin du XVIIIe siècle, le recrutement des maîtres était difficile : les candidats étaient rares et offraient peu de garanties. Aussi se préoccupait-on d'établir des noviciats ou des écoles normales primaires. Sous Louis XIV, l'abbé Chenevières, dans un mémoire, avait proposé un plan de séminaire pour la formation des maîtres. A la fin du siècle, la question revient ; il y eut des projets et des tentatives d'application : un noviciat fut établi dans la paroisse Sainte-Marguerite, à Paris pour former des maîtres laïques.

Le traitement des maîtres comprenait d'abord une somme fixe payée par la Communauté et par la Fabrique. Ce traitement fixe avait été arrêté à un minimum de 150 livres pour les maîtres, 100 livres pour les maîtresses, par l'ordonnance de 1698. Il s'y joignait la rétribution des élèves et divers casuels qui portaient le traitement à 300 livres environ.

En outre, les enfants apportaient des bûches, des volailles, des œufs, du laitage, etc., dont la quantité était parfois stipulée par le bail ; parfois aussi ces rétributions en nature était faites à titre gracieux ; elles se sont continuées pendant une grande partie du XIX° siècle.

Nous avons dit que les matières enseignées étaient en général la lecture, l'écriture, l'orthographe, le calcul, le catéchisme et les prières. On enseignait aussi le plain-chant dans beaucoup d'écoles, et, dans certaines régions, en Flandre, en Champagne, Picardie, on avait fait des essais d'éducation professionnelle ; on avait proposé d'ouvrir des cours pratiques d'agriculture ou d'horticulture. La méthode d'enseignement la plus employée paraît être la méthode individuelle.

On peut se demander dans quelles proportions il y avait des écoles. Nous le savons pour certaines provinces. Ainsi, dans le diocèse de Rouen, sur 102 paroisses, 13 seulement n'avaient pas d'école. Dans le département actuel de l'Aube, sur 446 paroisses, 26 étaient privées d'école. En Flandre, toutes en avaient. En Franche-Comté, en Lorraine, il y en avait même dans les hameaux. Dans le Berry, dans le Limousin, dans le Languedoc surtout, les écoles étaient plus rares. Le clergé s'efforce d'en établir partout. « Nous ordonnons, écrit l'évêque d'Autun en 1669, que les curés tiendront de petites écoles ou choisiront dans la paroisse une personne de probité capable d'enseigner les petits enfants. » — « Nous exhortons les curés, écrit l'évêque de Grenoble en 1690, de s'appliquer à l'établissement de petites écoles. » — « Les curés, dit l'évêque de Saint-Malo, remontreront à leurs paroissiens que, s'il n'y a point d'escole, la jeunesse nourrie en oisiveté apprend l'art de mal faire...; ils exhorteront donc à establir, diriger, dresser et entretenir des escoles ouvertes à tous, pauvres et riches, par toutes les paroisses. » En 1744, Mgr Jean Bouhier, évêque de Dijon donne ordre aux curés d'ouvrir des écoles partout où il n'y en a pas.

Pour la Côte-d'Or, le recensement des communes où se trouvaient des écoles n'a pas encore été fait en entier ; mais, grâce aux travaux de M. de Charmasse pour le diocèse d'Autun, de M. Fayet pour celui de Langres et de MM. Joseph Garnier et Champeaux dans l'Introduction à l'histoire des chartes des communes, on peut assurer que le nombre des écoles de nos villages était considérable dès 1667. Il faut se rappeler que la Côte-d'Or actuelle était comprise dans les évêchés d'Autun, Langres et Chalon-sur-Saône. Arc-sur-Tille dépendait de Chalon, comme nous l'avons dit, et les documents qui concernent notre village au point de vue religieux n'existent pas aux archives départementales de Saône-et-Loire où ils devraient se trouver. Or, voici les renseignements qui ont été publiés : le doyenné de Flavigny comptait 29 paroisses ; il y avait 29 écoles. Dans le doyenné de Nuits, 29 paroisses, 29 écoles ; doyenné de Pouilly-en-Auxois, 23 paroisses, 22 écoles ; doyenné de Saulieu, 30 paroisses, 16 écoles ; doyenné de Semur, 23 paroisses, 13 écoles ; doyenné de Touillon, 16 paroisses, 16 écoles ; doyenné de Bèze, 25 paroisses, 18 écoles ; doyenné d'Is-sur-Tille, 25 paroisses, 21 écoles ; doyenné de Mirebeau, 25 paroisses, 24 écoles. Dans la partie bourguignonne du diocèse d'Autun, dans 245 paroisses, il y avait 221 écoles. Les doyennés de Saint-Jean de Dijon, Bèze, Saint-Seine, Is-sur-Tille, Mirebeau comptaient 192 églises avec 154 écoles. Dans les environs d'Arc-sur-Tille, Belleneuve, Binges, Cirey, Etevaux, Magny-Saint-Médard, Arceau, Beire, Spoy, Brognon, Flacey, Lux, Saint-Julien, Clénay, Orgeux, Varois, Saint-Apollinaire, Sennecey, Quetigny, Fauverney, Magny-sur-Tille, Izier, Cessey, Remilly, Couternon, Bressey, avaient des écoles. On voit donc combien était considérable le nombre de nos écoles primaires.

Il est plus difficile de dire quels étaient les résultats de l'enseignement. On a relevé sur les actes de mariage les signatures des conjoints. Dans le département du Nord, en 1789, 58 pour cent des hommes et 37 pour-cent des femmes savent signer leurs noms ; dans l'Aube, 72 pour cent des hommes savent lire et 22 pour cent des femmes.

Pour Arc-sur-Tille, nous avons relevé les signatures des mariés de 1783 à 1790, et nous avons constaté, pour 58 mariages, les signatures de 35 maris et 10 femmes, c'est-à-dire 60 pour cent des hommes et 17 pour cent des femmes ; et, dans une pièce de 1588, sur 44 hommes présents, 17 ont signé, soit 38 pour cent. De plus de 1639 à 1660, il y a eu 717 baptêmes, et 303 signatures d'hommes, 97 signatures de femmes, soit 42 pour cent pour les hommes et 13 pour cent pour les femmes. Mais ces chiffres ne prouvent rien. D'abord nous constatons que le curé ne prend pas toujours les signatures ; en outre, dans les baptêmes, le parrain et la marraine sont souvent étrangers au village et d'une situation plus élevée que les parents de l'enfant ; enfin la lecture, l'écriture ne sont que des instruments ; il faudrait savoir à quoi on les applique, quels ouvrages lisent les paysans quand ils lisent. Ce n'est qu'à cette condition qu'on pourrait juger du développement de l'instruction.

Que pensait-on en France de l'enseignement primaire avant la Révolution ? On pourrait croire qu'on demandait partout des améliorations. Eh bien ! non ! l'opinion n'était pas unanime. Nous avons vu que le clergé voulait améliorer et faisait des tentatives dans ce sens en multipliant les écoles et en créant même des sortes d'écoles normales pour les maîtres laïques. Mais il n'en était pas de même des philosophes, de ceux que nous appellerions les libéraux.

Ainsi La Chalotais, procureur général au Parlement de Rennes, l'un des adversaires des Jésuites, écrivait : « Les Frères de la Doctrine chrétienne sont survenus pour achever de tout perdre ; ils apprennent à lire et à écrire à des gens qui n'eussent dû apprendre qu'à dessiner et à manier le rabot et la lime, mais qui ne veulent plus le faire... Le bien de la Société demande que les connaissances du peuple ne s'étendent pas plus loin que ses occupations (1). »

Et Voltaire, Voltaire lui-même, lui écrivait : « Je vous remercie de proscrire l'étude chez les laboureurs ; moi qui cultive la terre, je vous adresse requête pour avoir des manœuvres et non des clercs tonsurés. » Et à un autre correspondant : « Je crois que nous ne nous entendons pas sur l'article peuple que vous croyez digne d'être instruit... Il me paraît essentiel qu'il y ait des gens ignorants... Quand la populace se mêle de raisonner, tout est perdu. »

Disons pourtant que tel n'était pas l'avis du président Rolland, auteur d'un plan d'éducation, ni du célèbre philantrope Larochefoucauld-Liancourt, qui, tous deux étaient partisans de l'instruction du peuple.

Quant aux Cahiers des Etats de 1789, beaucoup ont demandé l'amélioration des écoles. Cinquante-cinq demandent des écoles gratuites ; le Tiers-Etat de Reims et le Clergé de Verdun demandent des écoles normales primaires.

Ainsi, avant la Révolution, l'enseignement primaire n'était pas ce qu'il est aujourd'hui, mais il existait, il était même florissant, grâce surtout aux ordres religieux. Il s'améliorait peu à peu et se fût amélioré beaucoup en peu d'années. Le tort de la Réve-

(1) Essai d'éducation nationale par Messire de Caradenc de La Chalotais, p. 24.

lution a été de tout ruiner au lieu d'améliorer, elle a voulu reconstruire à neuf et elle n'en a pas eu le temps. Elle a détruit ou dispersé les ordres religieux et n'a rien su trouver pour les remplacer. Il s'en suivit que les maîtres firent défaut, ou que, recrutés au petit bonheur, ils furent incapables, et plusieurs générations manquèrent totalement d'instruction. Napoléon n'eut pas le temps de s'occuper de cette question. On y revint sous la Restauration, et, sous Louis-Philippe, la fameuse et bienfaisante loi de 1833, présentée par Guizot, donna enfin un statut solide à l'enseignement primaire.

Disons toutefois que si, dans les villes où l'enseignement était avancé grâce aux congrégations, les démolitions voulues par la Révolution eurent des résultats déplorables, les villages furent moins atteints, à cause de la médiocrité même des maîtres. Après, comme avant la Révolution, le recrutement des maîtres se fit à peu près de la même façon et il nous faudra attendre la loi de 1833 pour voir l'instruction se répandre sérieusement dans nos campagnes avec des maîtres formés à l'Ecole normale de Dijon.

CHAPITRE II

La Maison d'École

Pendant longtemps il n'y eut pas à Arc-sur-Tille une maison d'école, une maison rectorale, comme on disait alors. C'était au recteur d'école à se trouver un logement, et la communauté ou la fabrique lui en payait le loyer ; mais jamais il n'est question du mobilier qui devait être des plus sommaires.

Une maison ainsi louée au petit bonheur devait être fort incommode et peu propre à sa destination. Aussi est-il probable, vu le grand nombre des enfants, que beaucoup d'entre eux n'y étaient pas reçus ou qu'ils fréquentaient peu de temps l'école pour faire place à d'autres.

Cette situation préoccupait les habitants et le 29 décembre 1782, ils demandèrent de construire une maison rectorale. Ils avaient été réunis au son de la cloche par les deux échevins Jean Curot et Nicolas Bourgeot, « qui ont représenté à leurs habitans de la communauté d'Arc-sur-Tille que, faute d'une maison à eux appartenante destinée à une école publique, l'éducation des enfans de ladite communauté est entièrement négligée, qu'ils doivent regarder la dépravation des mœurs qui y règne comme suite de cette privation. » Aussi proposaient-ils de construire une maison rectorale.

Les habitants y consentirent et ils donnèrent pouvoir à Nicolas Bourgeot, leur échevin, de procéder au devis de construction d'un bâtiment destiné au maître d'école et à une école publique, qui ne pourra avoir plus de 45 pieds de long dont 30 pour l'école, sur 22 de large. Au premier étage, il y aurait un grenier traversé par un corridor de chaque côté duquel on établirait des chambres mansardées destinées aux pensionnaires. La maison serait bâtie à gauche de la croix des Mailly, c'est-à-dire sur la place de l'église.

Mais cette construction ne put se faire; l'intendant s'y opposa à cause de la situation obérée de la communauté.

Et le besoin allait s'en faire de plus en plus sentir. En effet, en 1790, à l'assemblée général des habitants qui se tenait en plein air, avaient succédé une municipalité et un conseil général de la commune; il leur fallait une salle de réunion. Aussi le 24 mai 1790, la municipalité reprit le projet de 1782. Elle rappela la décision de l'assemblée générale qui avait demandé la construction d'une maison où l'on pût établir des classes régulières « à cause de l'ignorance de la jeunesse, de sa grossièreté et, ce qui en est la suite, la perte des mœurs, suite nécessaire de l'oisiveté. »

Dans sa demande au district, elle montrait la nécessité d'une salle d'école et d'une salle de réunion. L'école actuelle que Noël Bourgeot louait 95 livres allait manquer, car le propriétaire la réclamait; on ne pouvait d'autre part choisir l'église comme lieu de réunion : « Le lieu saint, disait-elle, ne doit pas être témoin des passions qui agitent ceux qui composent l'assemblée, dont quelques-uns n'écoutent pas toujours les sentiments de respect qu'ils lui doivent. » Elle demandait en conséquence à être autorisée à bâtir une maison d'école et à recevoir les offres et les avances des particuliers.

A cette demande, étaient joints le plan et le devis de la maison projetée. Elle serait construite sous la direction du curé Terguet sur un terrain échangé à Noël Bourgeot et joignant le cimetière au levant ; c'est le terrain où s'élève aujourd'hui la maison de M. Garcenot. Le bâtiment aurait 65 pieds de long et comprendrait trois pièces de *20 pieds carrés francs chacune, c'est-à-dire de 20 pieds sur chaque face, avec une seule cheminée. Une porte unique au nord, au centre du bâtiment, desservirait deux des pièces dont l'une servirait d'école et l'autre de mairie ; une porte au levant donnerait accès à la chambre du maître d'école.

Les dépenses comprendraient : 994 livres 10 sols pour la maçonnerie, 1.268 l. pour la charpente, 366 l. pour la couverture, 300 l. pour la pierre de taille, 238 l. pour la menuiserie, 57 l. 12 s. pour la vitrerie, divers 100 l. Total 3.324 livres 2 sols.

Le revenu annuel de la commune était de 874 l. 8 deniers et la dépense de 561 l. 6 s. 4 d. et dans 8 ans, elle devait vendre le canton de réserve de ses bois qui fournirait 4.000 livres ; l'intérêt de la dépense à faire se trouvait donc assuré jusqu'à l'entier paiement. On pourrait pour la charpente couper quelques vieux arbres de bordure dans les bois, les laboureurs promettaient d'amener gratuitement la pierre ; Marchant de Corbeton offrait la pierre de ses carrières aux prix d'extraction et enfin M. Terguet, curé et maire, ferait les avances en argent.

Dans une lettre qu'il écrivait à ce sujet au district,

Terguet ajoutait : « Le soussigné a sous les yeux le compte que rend le receveur de la commune à la municipalité pour 1788, par lequel la recette excède la dépense quoique forcée pour se soutenir contre son seigneur et l'aristocratie, (procès du droit d'indire) ; mais les bienfaits de l'Assemblée nationale qui, en rendant la liberté au peuple et surtout le droit d'être jugé par ses pairs, a décidé la Communauté à terminer par devant ses officiers municipaux toutes les affaires particulières, a fixé les peines et les amendes, de sorte que cette commune jouit de la paix et du bonheur les plus parfaits. Si les domestiques ou les enfans commettent des mésus sur le finage, ils viennent le jeudi pour les audiences régler par devant la municipalité avec les plaignants et paient l'amende qu'ils se sont imposée en pareil cas. Cette offrande, à ce que je pense, suffira aux frais du Bureau et de l'existence de la garde nationale qui a été fort dispendieuse l'année dernière, ce qui prouve que les habitants des campagnes sont justes et n'avoient besoin que d'être encouragés pour donner des preuves d'un cœur excellent. »

Et Terguet ajoutait en post-scriptum : « La municipalité d'Arc-sur-Tille n'a osé faire le plan ni les devis par un architecte ; le prix qui lui en eût coûté l'a rebutée et moi en particulier ; j'ai cru que l'ordre d'économie dans cette circonstance n'altérerait point votre bienveillance ordinaire envers elle.

« Les personnes de l'art consultées pour cet objet le montaient à trois cents livres. Le devis de maçonnerie est de Saint-Rapt ; la charpenterie de Jean Venot ; la pierre de taille de J. Coffin. »

Admirons, en passant, cette description des heureux effets de la révolution et du bonheur idyllique dont jouissaient nos campagnes. Les événements allaient bientôt infliger un cuisant démenti à Terguet, comme nous l'avons vu dans *La Révolution à Arc-sur-Tille*.

Mais le district ne se laissa pas toucher par l'esprit d'économie dont faisait montre Terguet ; il lui parut, comme à l'intendant en 1782, que la situation du village ne lui permettait pas encore une dépense dont le paiement n'offrait que d'insuffisantes garanties, et si modeste que fût le nouveau projet, il ne fut pas approuvé.

L'année suivante, la municipalité allait mettre le district devant le fait accompli. En effet le 23 janvier 1791, le maire prévint le conseil qu'il était fort difficile de trouver un loyer d'école et une salle pouvant servir aux assemblées de la municipalité. Il venait d'apprendre que le chanoine Lardillon était disposé à vendre une maison qui, avec des réparations, paraissait parfaitement convenir ; il proposait en conséquence de faire demander au chanoine le prix qu'il en voulait et d'assembler ensuite tous les habitants pour prendre une décision.

Les émissaires envoyés au chanoine Lardillon rapportèrent le billet suivant qu'il leur avait remis :

« Je veux bien par affection pour la Commune d'Arc-sur-Tille lui remettre ma maison ci-devant habitée par Bornet pour la somme de 2100 livres dont 1200 livres payées comptant en espèces sonnantes et le surplus dans le cours d'une année en espèces sonnantes, ainsi que la somme ci-dessus et non en papiers quelconques. Bien entendu qu'il me sera payé les intérêts au denier vingt sans restriction et toujours en espèces sonnantes et non autrement : les présentes ne doivent avoir lieu (c.-à-d. leur effet) que pendant huit jours. A Dijon, le 24 janvier, Lardillon. »

Les habitants furent assemblés le 28 janvier, et ils déclarèrent à l'unanimité qu'ils étaient d'avis d'acheter cette maison, qu'elle valait bien la somme demandée et qu'ils acceptaient avec reconnaissance l'offre de M. le chanoine Lardillon.

La maison fut achetée et la fabrique avança les 1.200 livres qui devaient être payés comptant.

Mais il fallut faire de nombreuses réparations qui portèrent la dépense totale à 4.038 livres 1 sol 11 deniers.

Le conseil du district reçut avis de cette dépense et de la manière dont elle avait été acquittée.

La recette opérée pour solder la dépense est ainsi formulée :

Reprises.	25 l. 19 s. 3 d.
Emprunt à la fabrique . .	3.616 l. 9 s. 5 d.
Produit des amendes. . .	553 l. 19 s.
Produit des patentes . .	41 l. 14 s. 3 d.
Total.	4.038 l. 1 s. 11 d.
Total à payer	4.761 l. 5 s. 11 d.
Payé comptant	1.200 l.
Reste à payer	3.561 l. 5 s. 11 d.

Il restera donc en caisse un boni de 476 livres 16 sols ; mais il faudra ensuite s'acquitter avec la fabrique.

Le conseil de district se contenta d'inviter la com-

mune à se mettre en règle en se faisant autoriser et
à ne plus faire de dépenses de ce genre sans en avoir
reçu l'autorisation préalable. L'emprunt fait à la
fabrique comportait une rente de 490 l., la communauté devait se mettre en mesure de rembourser ce
capital.

On ne peut blâmer les habitants et la municipalité d'avoir forcé la main au district, car il est certain que, dans l'intérêt de l'éducation des enfants,
une école était de toute nécessité, et, dans une question aussi importante, les intéressés sont les meilleurs juges, et c'étaient leurs propres ressources
qu'ils engageaient dans cette dépense.

La maison commune ainsi acquise se trouvait placée là où s'élève la maison commune actuelle ; le
bâtiment était orienté du nord au midi et longeait
la rue. Le pignon oriental occupait la place de la
façade orientale dé la mairie actuelle. Un petit jardin potager s'étendait à l'Est de ce pignon jusqu'au
prolongement de la rue au Lard, aujourd'hui rue
Dr Tarnier. Un champ, une chenevière, d'un demi-
journal, joignant la maison et entouré de haies longeait la rue des Fosses : un petit hangar était au
midi, séparé de la maison par un treige qui conduisait de la place à plusieurs petites maisons dont nous
aurons à parler plus tard.

La maison comprenait le logement du maître, une
salle d'école à 4 fenêtres sur un des côtés et une
salle de mairie, communiquant par une porte à la
salle de l'école.

C'était donc pour l'enseignement, une amélioration fort grande. Cependant la nouvelle école était
sûrement insuffisante, et, quand en hiver, tous les

enfants, garçons et filles, allaient à l'école, il fallait occuper aussi la mairie ; la porte de communication entre les deux pièces favorisait cette occupation. Quand, en 1833, la méthode d'enseignement mutuel dut être appliquée, on ouvrit 4 nouvelles fenêtres pour les groupements d'enfants qui devaient recevoir l'enseignement des moniteurs choisis et dirigés par le maître.

Malgré toutes ces réparations, toutes ces améliorations, la maison d'école n'en était pas moins une vieille maison, très insuffisante pour 200 élèves environ, et elle menaçait ruine. On était en 1839 ; l'enseignement se développait de plus en plus ; il fallait aviser, ou acheter une maison plus grande ou en construire une.

A ce moment même, la grande auberge située a l'angle du champ de foire et sur le bord de la route et qui comprend aujourd'hui la maison des demoiselles Jougant, celle de Mme Veuve Bourgeot et celle de M. Druet, était à vendre. C'était l'auberge de la Cloche, ancienne auberge Saint-André ; elle appartenait alors à la veuve Barbet qui la tenait de ses parents. Elle fut mise à prix 9.500 fr. mais il n'y eut pas d'acquéreur.

Le maire était alors M. Moreau, gendre de Calignon ; il eut l'idée d'acheter cette maison commune. Il en fit la proposition au conseil municipal. Dans un long rapport, il fit ressortir la situation : une maison d'école insuffisante, exigeant des réparations coûteuses, un emplacement impropre à une nouvelle construction répondant aux besoins. Dans la maison Barbet, on trouvait tout ce qui était désirable et le prix demandé 9.500 fr. ne paraissait pas exagéré ; en tenant compte des droits d'enregistrement et des réparations, la nouvelle maison ne reviendrait pas à 20.000 fr. Le conseil autorisa l'acquisition.

La délibération fut envoyée au Préfet pour approbation. Celui-ci approuva en effet, mais sous les réserves suivantes : on devait demander l'approbation de l'autorité supérieure, un plan de la maison, le devis des travaux à y faire, un plan comparatif de la maison d'école actuelle et le devis des réparations qui y seraient nécessaires, seraient joints au dossier ; enfin il devait être procédé au commodo et incommodo.

Le maire, sans s'arrêter à ces réserves, s'associa J.-B. Duvernet l'adjoint et deux conseillers municipaux François Pécaut et Jean Devienne et tous les quatre répondant solidairement du prix de l'immeuble, l'achetèrent aux enchères du 22 septembres 1839, moyennant 8.100 fr.

Aussitôt une formidable opposition à la tête de laquelle était M. Lerouge, adversaire de M. Moreau, se produisit dans le village. M. Lerouge écrivit au ministre de l'intérieur contre l'acquisition qui venait d'être faite : la maison, par sa situation, disait-il, ne convenait pas du tout à une maison d'école. Il y eut une enquête ordonnée et l'opération de commodo et incommodo fut faite sous la présidence du juge de paix, M. Bavelier.

Les raisons qu'on fit valoir contre l'acquisition, c'est que cette maison était trop éloignée du centre du village, à l'encontre de la précédente qui était tout à fait centrale ; que le voisinage immediat de la route et de la Tille était dangereux pour les enfants ; le curé, l'abbé Bugnot ajoutait qu'elle était trop éloignée de l'église et que, sous ce rapport, elle ne convenait ni à lui ni à ses successeurs. 80 chefs de famille environ avaient fait opposition.

Le rapport de M. Bavelier fut néanmoins favorable à l'acquisition ; il ne voulait voir dans l'opposition que le résultat des menées de M. Lerouge.

Quant au conseil municipal, appelé à se prononcer de nouveau, il maintint son vote précédent, et se plaignit des menées et de la méchanceté de M. Lerouge, cause des divisions du village qui ne recouvrerait le calme que lorsque M. Lerouge aurait été enfermé dans une maison de santé.

Dans l'Histoire de la Révolution, nous avons déjà vu combien il y avait de divisions à Arc-sur-Tille et combien ardente était la lutte des partis. L'histoire des divisions pendant le XIXe siècle ne serait pas moins intéressante. Les deux principaux antagonistes furent M. Moreau, un nouveau venu dans la commune, et M. Lerouge d'une vieille famille bourgeoise du village ; d'autres noms seraient à citer et divers incidents favorisèrent ces divisions en les surexcitant ; c'est le partage des communaux, la question de la vaine pâture, l'affaire de la maison Barbet, le procès de la commune avec la veuve Thevenin au sujet des francs bords de la Tille, le procès de M. Lerouge avec M. Thevenin au sujet des inondations, etc.

Faut-il incriminer M. Lerouge ? Nous ne pouvons nous prononcer à priori entre les partis, mais disons qui'ci l'opposition de M. Lerouge, appuyée par une grande partie de la commune a été fort heureuse. La maison achetée ne convenait nullement au but auquel on la destinait, et, à toutes les raisons opposées, on aurait pu en ajouter une dernière : le voisinage du champ de foire où se tenait aussi la fête patronale, et dans lequel la maison était enclavée. Les foires et la fête patronale attiraient alors une foule d'étrangers, de marchands, de cheminots, qui séjournaient fort longtemps parfois, et il eût été dangereux pour la moralité des enfants de les laisser circuler au milieu d'une semblable population.

La proposition de la municipalité et du conseil fut rejetée.

D'ailleurs un nouveau conseil s'était opposé à la ratification du marché.

« Considérant, dit le procès-verbal de la délibération du 12 mars 1841, que le maire en proposant à l'ancien conseil d'acquérir la maison Barbet pour y établir une maison commune et d'école, a abusé de son caractère de maire, de son influence sur plusieurs de ses membres, flattant les passions des uns, tel que le sieur Duvernet, adjoint, dont l'auberge est à proximité de celle des héritiers Barbet, qui ainsi n'existerait plus ; la faiblesse des autres, car la délibération pour acquérir, fut apportée au conseil toute rédigée ; plusieurs membres n'étaient pas présents ; leur signature ne fut apposée que plus tard et par obsession, recommandant enfin à tous le secret, tant il craignait d'être arrêté dans ses desseins, et n'ignorant pas l'opposition presque unanime des habitants. »

La maison resta pour compte aux quatre acquéreurs, qu'on nomma par plaisanterie les Quatre Marchands et longtemps la maison fut appelée « la Maison des Quatre Marchands ».

Et cependant depuis le 5 février 1841, l'école avait été dédoublée par la création d'une école de filles. Il fallait un local nouveau. L'école s'ouvrit dans la maison Barbet, puis, croyons-nous, elle fut transportée ensuite dans les dépendances de l'hôtel Roux, qui était alors l'auberge du Soleil d'Or.

L'un des premiers soins de la municipalité nouvelle fut la construction d'une maison d'école. Le 6 novembre 1841, le conseil décida que la maison commune serait reconstruite à la place de l'ancienne et que pour avoir un emplacement suffisant, on achèterait les masures qui l'entouraient. Ces masures appartenaient à Simon et Catherine Bordot, Jean Berthier et Edmée Mondot. Les intéressés acceptèrent les propositions qui leur furent faites, puis, lorsque les travaux furent commencés, ils élevèrent de nouvelles prétentions. Un procès en résulta qui fut favorable à la commune.

Les plans de la future maison commune furent dressés par l'architecte Sirodot. Le nouveau bâtiment a un réel caractère architectural : un pavillon central s'ouvrant par trois doubles portes sur un vaste vestibule, auquel on parvient par un long perron de trois marches ; au premier, la salle de mairie avec trois fenêtres munies de balcons à balustres, le tout couronné par un fronton triangulaire, dont la base est supportée par treize consoles d'un galbe élégant. Les deux ailes, formant un léger retrait sur le perron, comprenant au rez-de-chaussée les écoles avec chacune six fenêtres à plein ceintre, trois sur chaque face ; au premier, et au-dessus de chaque école les logements de l'instituteur et de l'institutrice. Sur ce dernier, on a pris une salle insuffisante pour les archives. En arrière, au couchant, est adossé un vaste corps de bâtiment situé entre les deux écoles et renfermant les escaliers d'accès aux deux appartements et à la mairie. Toutes les fenêtres, sauf celles des écoles, se terminent dans le haut en plates-bandes.

La maison commune de belle apparence extérieure était pitoyablement aménagée à l'intérieur ; des modifications ont déjà été faites, mais d'autres s'imposent qui donneraient à notre palais scolaire les commodités qui y manquent encore.

Le devis des dépenses s'élevait primitivement à 29.902 fr. 82, d'où on dut déduire 1.450 fr. fournis par les vieux matériaux ; mais un devis supplémentaire porta la dépense totale à 29.489 fr. 70.

Les salles de classe étaient semblables. Dans chacune, 14 tables sur deux rangs, soit 7 de chaque côté, s'élevaient légèrement en gradins et étaient séparées par une allée qui renfermait l'appareil de chauffage ; au milieu de l'allée contre le mur, était la chaire placée sur une estrade avec une marche. De chaque côté de l'estrade, deux grands tableaux noirs, encadrés de cercles en fer, et dans les allées latérales, 4 tableaux plus petits, deux par allée, encadrés également dans des cercles en fer, un placard-bibliothèque recevait les livres de lecture. Les tables étaient toutes garnies d'ardoises fixes, qui, devenues plus tard inutiles pour les plus grands élèves, furent remplacées par des plaques de bois. Des supports en fer s'élevaient sur les tables et soutenaient des fils de fer auxquels on suspendait devant chaque élève les modèles d'écriture. Ils devinrent de bonne heure inutiles et on les supprima. Une gorge en haut de la table recevait les porte-plumes et les crayons, et un léger rebord sur la face opposée les empêchait de rouler à terre ; enfin chaque élève avait une case sous le plateau même de la table.

Jusqu'ici il y a eu peu de modifications à cet ameublement. C'était alors un grand progrès sur le passé, mais il est devenu désuet aujourd'hui et demande à être remplacé entièrement.

La maison commune existait, mais elle exigeait des dépendances qui ne furent établies qu'en 1855. Les dépenses furent consenties dans le courant de l'année 1852, mais le temps d'établir le plan et le devis, d'aménager le terrain qu'un achat nouveau venait d'agrandir, retarda la construction qui ne fut achevée qu'en 1855.

Elle comprenait au centre un magasin à pompe et de chaque côté, une chambre à four et un bûcher pour l'instituteur et l'institutrice, puis en retrait des water-closets. Un double mur rejoignit cette construction à la maison d'école et il y eut ainsi une vaste cour entre les deux bâtiments. Dans le mur du midi, deux portes donnaient accès aux deux jardins de l'instituteur et de l'institutrice.

Un treige établi au couchant du nouveau bâtiment donnait un débouché à une vieille maison qui existait encore à cette époque, mais elle fut acquise, puis démolie par M. Porche et le treige disparut. On avait dû faire un échange de terrain et abandonner à l'immeuble voisin 5 ares 80 de l'ancien enclos de la maison Lardillon.

CHAPITRE III

L'Enseignement a Arc-sur-Tille ; les Maitres

Nous avons dit qu'à Arc la moitié des hommes savaient signer leurs noms, mais qu'il n'en était pas de même des femmes. Cependant on se préoccupait de l'instruction des enfants, mais surtout de celle des garçons, comme en font foi les actes notariés.

En 1635, Denis Caillot, laboureur et Prudence Henry, sa femme, se font donation de leurs biens meubles et de l'usufruit de leurs immeubles ; mais le survivant élèvera leurs enfants selon leur condition, « ausquels enffans sera faict apprendre leur foy et créance, et les envoyer aux petites escoles »

Le 18 mars 1648, Claude Armerey et Marie Targy, sa femme, se font donation réciproque de tous leurs biens meubles et immeubles, sans que leurs enfants puissent rien demander, à charge pour le survivant de nourrir et entretenir comme il convient, Françoise, Claudine et Richard, leurs enfants. « Le posthume donnera audict Richard la somme de trente livres tournois qui seront employées à luy faire apprendre à lire et escripre, et encore la somme de 80 livres audit temps et où ledit Richard seroit porté ausdites lecture et escripture, ledit survivant sera tenu luy poursuivre ». Quant aux filles, on leur fournira en troussel la même somme de 30 livres, et, s'il y a lieu, autant qu'il aura été dépensé jusqu'à 80 livres pour l'instruction de Richard, autant le survivant leur donnera en troussel ou en argent.

Le 6 avril 1677, Jeanne Brullebaut, femme de Nicolas Devienne, laboureur, lègue à son mari ses meubles et ceux qu'ils ont acquis et l'usurfruit de ses immeubles, à charge de la faire inhumer « comme à son estat appartient », de payer leurs dettes, « de nourir et entretenir Elizabeth Devienne, leur fille aagée de 9 ans et demy, Jean Devienne aagé de 5 ans, Anne Devienne aagée de 3 ans, Michel Devienne aagé de 18 mois et Pierre Devienne aagé de 2 mois, jusqu'à ce que chacun de leursdits enffans ayt attain l'aage de 18 ans et lors d'iceluy attain leurs donner à chacun la somme de 100 livres tournois et ausdites filles a chacune un troussel comme s'ensuyt, etc..., et de nourir et entretenir lesdits enffans jusqu'audit aage, faire aprandre à lire et écrire à leursditz fils et la couture ausdites filles et les habiller d'habitz nuptiaux, à charge et condicion que lesdits enffans seront tenus servir, honorer et respecter leurdit père comme bons enffans doibvent faire (1). »

Un dépouillement plus minutieux des archives de l'étude d'Arc-sur-Tille fournirait sans doute nombre de faits intéressants.

Le premier maître dont nous trouvons le nom est *Nicolas Rouyer*. Il figure sur le rôle des tailles de l'année 1610 : « Nicolas Roier, maistre d'escolle (2). » Il y figure encore en 1622 et en 1623. En 1622, il

(1) Minutes de l'étude d'Arc, chez M⁰ Besson, notaire à Dijon.

(2) Nous trouvons son nom orthographié Rouyer, Roier, Rouhier ; il signe lui-même Rouyer.

paie 28 sous. Il est donc probable que chaque année il est compris dans le rôle. Ce n'est que plus tard que nous verrons le recteur d'école dispensé de la taille.

Le 27 décembre 1631, Nicolas Rouyer assiste au contrat de mariage de son filleul Nicolas Margottet, cordonnier.

Les comptes de la fabrique en 1631 nous font connaître ce qu'était son service à l'église et en quoi consistaient ses émoluments. On y voit qu'outre les fonctions de chantre, il remplissait aussi le service d'un sacristain ou, comme on disait à Arc-sur-Tille, d'un marguillier.

«... Une émine de bled que le maistre d'école a reçue suyvant que les habitans luy ont accordé (1).

» Au Mᵉ d'escole pour une année et demie de messes chantées pour madame (*la comtesse de Saulx-Tavanes*) . . . . . . 3 l. 18 s.

» Au Mᵉ d'escole pour une année et demie de messes de Claudine Tristant . . . . . . 3 l. 18 s.

» Idem pour messes de Jean le Brun, une messe par quinzaine. . . . . 1 l. 6 s.

» Au Mᵉ d'escole et au marguillier 28 anniversaires . . . 4 l. 13 s. 4 d.

» Au Mᵉ d'escole 20 deniers par dimanche et fête . . . . 6 l. 1 s. 6 d.

» Aux marguilliers pour parer l'église aux fêtes solemnelles au

---

(1) Il est probable que cette émine de blé représentait son traitement comme recteur d'école.

nombre de 24, à 20 deniers par fête . . . . 2 l.

» Aux marigliers pour 4 lessives. . . . . 2 l.

» A Nicolas Rouger et Jullien Devienne marguillers pour le service de l'année. . . . . . . 13 l.

» Demande leur estre passé 3 livres pour les peines de M⁰ Nicolas Raillard, prestre bachelier ayant presché et annoncé la parole de Dieu pendant l'Avent et ce du consentement de la plus grande partie des habitans . . . . 3 l.

« Leur dépense pendant qu'on préparait et mettait en œuvre la cire du luminaire. . . . . . 2 l.

Le subdélégué a écrit en marge : « à l'avenir, rien, si ce n'est 15 sols au maistre d'école. »

» Au maistre d'escole aiant faict le susdit luminaire . . . 7 l. 10 s.

» Nicolas Rouyer, précepteur, pour fourniture de 2 livres de cire qui ont fait 2 cierges pour esclairer devant le Saint-Sacrement tant le jour que la nuit du Jeudi saint . . . . 2 l. 4 s.

» A Nicolas Rouyer, précepteur, 44 sous pour 2 livres de cire fournie tant au Jubilé qu'à la Dédicace. . . . . 2 l. 4 s.

Ainsi Nicolas Rouyer prenait part à tous les préparatifs nécessités pour l'ornementation de l'église ; il semble aussi qu'il élevait des abeilles, puisqu'il fournissait de la cire. Par contre, il avait dû faire un emprunt à la fabrique, car le même compte constate aux recettes « 5 livres pour les arrérages que M* Nicolas Rouyer, précepteur d'escole, doit chascun an à la fabrique. »

Il prenait aussi part aux processions qui se faisaient à l'Abayotte, à Remilly, à Arceaux, et au lavage des autels le jeudi saint ; le curé, le recteur d'école et le sacristain faisait après ces cérémonies une petite collation aux frais de la fabrique ; on avait dépensé 25 sous pour les processions, 25 sous pour la collation le jour des trépassés, autant pour le jeudi saint (1).

Il était procureur d'office à la justice d'Arc-sur-Tille en 1636. Cette année en effet Louis Barat, huissier ordinaire à la table de marbre du Palais, vient faire saisie de la terre et seigneurie d'Arc contre Guillaume de Saulx et c'est à Nicolas Rouyer, procureur d'office, qu'il remet son ordre de saisie, Rouyer cumulait-il les deux fonctions ? C'est probable (2).

Après lui, vient *Jehan Bernard*, qui a une fille Françoise en 1639. Sa femme est Cécile Perrot. Il a une autre fille Michelle en 1641, un fils Bénigne en 1643, un autre fils Philippe en 1645 et il est nommé honorable Jehan Bernard ; une fille Jeanne en 1647, un fils Pierre-Jean en 1648.

(1) Arch. départ. de la Côte-d'Or, G. 3860.
(2) Arch. dép. de la Côte-d'Or, E. 1841.

Il figure aussi comme témoin à deux mariages en 1640, puis nous ne voyons plus son nom. Est-il mort à Arc-sur-Tille ? Les actes de décès de cette époque sont très incomplets et il n'y figure pas, non plus que sa femme. Il a dû cesser ses fonctions le 15 février 1654, car à cette date, la fabrique lui paie 4 livres 10 sols pour un mois et demi de desserte.

Son successeur *Pierre Devienne* était né à Arc-sur-Tille. Il était fils de Prudent Devienne et de Jeanne Deschargez. Il signe sur les actes religieux de la paroisse à partir de juillet 1657. En 1658, il épousa Marie Clopin, fille de François Clopin et de Claudine Bartet. Le contrat de mariage est du 19 décembre 1658. Nous y lisons : « *Le futur espoux se marie pour tous ses droits paternels et maternels à échoir et pour la somme de 1.800 livres tournois que ledit futur espoux a de présent, sçavoir mille livres tant en obligations, codicille, marchef pour enseigner les enfants pantionnaires (sic) qui sont en sa puissance, comme il est constant par lesdites obligations, codicilles, marchef et de terme passé ensemble d'une comandise (cheptel) de vache sur François Sebille audit lieu d'Arc-sur-Tille, meubles meublans à la forme du mémoire qu'il représente que habis servant à sa personne, encore pour la somme de 800 livres tournois qu'il a employé à la construction d'une grange scize audit Arc... laquelle est bastie sur le fond dudit Prudent Devienne et Jeanne Deschargey, ses père et mère.* » Il offre à sa future 109 livres de bagues et joyaux et lui donne 120 livres sur ses biens.

P. Devienne avait donc des pensionnaires outre

les enfants du village et nous avons un traité qu'il a conclu à cet effet :

« Entre Jean Corberan, marchand, tuteur de Jacques Corberan, maistre chirurgien à Beire et de Jeanne Dubois, et Mᵉ Pierre Devienne. Celui-ci promet de pendant un an montrer audit Jacques Corberan en tout ce qu'il pourra aprandre à lire, écrire, chanter à haute voix et tout ce que ledit Jacques pourra aprandre de luy, sans estre tenu à aucune chose, sinon luy montrer..., luy fournir couvert et nouriture bien et deheument comme un bon père doibt faire, sans estre tenu à lui fournir aucun habillement pour lesquelles montre, nouriture et couvert, ledit Corberan en la qualité de tuteur a promis payer audit Devienne la somme de 30 livres tournois, une émine de bled conseau et 5 cartheranches d'orge et ce par moitié de demye année et de six mois en six mois (1) ».

Deux enfants naquirent de son mariage : Didier en 1663 et François en 1667. Marie Clopin mourut en 1670 ; elle devait être de Remilly, car son frère, honorable Pierre Clopin se marie en 1679 et est dit marchand à Remilly.

Devienne se remaria en 1684 avec Didière Couvert, veuve de Bernard Verrey d'Arc-sur-Tille. Dans le contrat, il se dit praticien et recteur d'école.

De ce second mariage, naquirent, en novembre 1685, un autre fils nommé Pierre comme son père, et en janvier 1688, une fille appelée Catherine.

Il ne semble plus faire office de marguiller comme Rouyer. Dans le compte de la fabrique

(1) Minutes de l'étude d'Arc, chez M. Besson.

en 1667, il lui est attribué 26 sous 8 deniers pour son assistance à 14 anniversaires, 36 livres pour ses gages de l'an et 14 livres pour « son louage de maison ». Et en 1679, on lui donne 50 livres pour ses gages de précepteur. Ces 50 livres figureront ensuite dans tous les comptes jusqu'à la Révolution. En 1688, il paie 27 livres de taille.

Nous n'avons pas le traité conclu entre la communauté et Pierre Devienne, lors de son premier engagement comme recteur d'école, mais nous possédons l'un des traités de renouvellement de cet engagement, celui du 31 mai 1676. Il est conclu par devant Bonnouvrier, notaire tabellion royal d'Arc-sur-Tille, devant les témoins requis Jean Le Rouge, greffier de la justice et Jacques Goussard. Ce sont les deux procureurs de la fabrique pour l'année courante qui le signent : Bénigne Seurot et Denis Véronfle. P. Devienne « a promis de faire la fonction de la maîtrise d'école pour lad. année commansée dois le premier janvier dernier et finissant aud. jour lad. année expirée, moyennant quoy lesd. procureurs payeront aud. Devienne les mêmes droctz qui leur a été acoutumé payer par les années cy-devant (1). »

On voit que le traité se continuait par reconduction tacite après la date échue, qu'il n'était renouvelé que postérieurement à l'échéance et que de plus il n'était conclu que pour un an.

Pierre Devienne mourut en 1689 et fut enterré dans l'église.

Nous possédons l'inventaire de ses effets person-

(1) Minutes de l'étude d'Arc.

nels qui consistaient en un manteau de drap gris blanc, un justaucorps de serge brune, une culotte de serge blanche, une veste de ratine brune doublée de toile, une culotte de peau de mouton, un chapeau, une paire de bas, 2 chemises de toile commune ; un saleron, une pendoire de ciseaux, une cuillère rompue, une petite chaîne d'or.

C'était un trousseau, on l'avouera, bien médiocre ; il est regrettable que l'inventaire ne soit plus complet. Son fils Pierre devait occuper une situation assez importante dans le village ; il est nommé tantôt praticien comme son père, c'est-à-dire agent d'affaires, tantôt bourgeois à Arc.

Le nouveau recteur d'école fut *Jean Perrié*. Nous possédons l'engagement qu'il prit avec les habitants et grâce auquel nous allons connaître la situation de nos recteurs d'école. Jean Perrié venait de Marsannay-en-Montagne. Il s'engageait pour trois ans à partir du 5 avril 1689. Il était tenu d'assister aux offices divers, « à sçavoir aux matines des festes solemnelles, aux messes et vespres du dimanche et fêtes solemnelz et y chanter, lhorsqu'il plaira audit sieur curé, assister et accompagner le Saint-Sacrement lhors que l'on le porte aux malades et généralement faire tout ce qui est du debvoir d'un recteur d'escolle ainsy qu'il est accoustumé, et fera porter l'eau béniste en toutes les maisons tous les jours de dimanche. »

Il devait recevoir comme salaire : 20 livres donnés par la communauté et 50 livres payés en deux fois par la fabrique. Il touchait en outre des droits de mortuaire, mais ils sont énoncés peu clairement : « 30 sols pour chaque chef de maison pour tous les services pendant l'année et 5 sols pour les autres personnes. » Cela signifie-t-il que lorsqu'il y avait un service pour un chef de maison, il avait 30 sols et que pour les autres personnes, il ne recevait que 5 sols ? ou bien était-ce un droit fixe payé chaque année par les chefs de maison et les autres habitants ? Il avait aussi la rétribution accoutumée pour l'eau bénite, mais elle n'est pas indiquée.

Au cas où son service ne lui conviendrait plus ou ne plairait pas aux habitants, le contrat pourrait être résilié en prévenant de part et d'autre trois mois d'avance.

Il ne paraît pas avoir achevé ses trois ans, car dès le mois de janvier 1692, il est remplacé par *Bernard Verrey*. Nous ne savons s'il appartenait à la famille Verrey d'Arc-sur-Tille. Nous n'avons trouvé son nom que dans les actes religieux qu'il signe comme témoin.

Verrey a pour successeur en 1694 *Jean Chandelier*.

Le nouveau recteur a un fils Nicolas en 1695 et le 16 mars 1696 il fait publier au prône que les habitants aient à se pourvoir d'un autre recteur, que la convention conclue en 1694 était résolue et qu'il ne voulait plus servir. Il fait constater cet avertissement par acte de notaire. Il semble que son mécontentement venait de ce qu'il n'avait pas été dispensé de la taille, car, dit l'acte : « Il sera sur les registres la présente année. »

Pendant les trois années qui suivent, nous trouvons deux recteurs d'école ; ils semblent n'avoir été que des maîtres de fortune, pris sur place, faute d'autres. L'un est *Jean Devienne*. Il y avait alors deux Devienne à Arc, portant ce prénom, Jean, né en 1660, fils d'Antoine Devienne, manouvrier, et Jean, né en 1672, fils de Nicolas Devienne, manouvrier, puis laboureur. A partir du 28 juin 1699, c'est *André Ytier* qui est recteur d'école. La famille Ytier était de Belleneuve. Deux frères, Jacques et Balthazar Ytier de Belleneuve se marient à Arc-sur-Tille avec Jehanne et Marie Tristan. André devait être un de leurs parents. Il était charron et sacristain et s'était marié en 1695 avec Marie Forois, de Couternon. Jean Devienne et André Ytier ont une fort belle signature ; savoir lire et écrire était alors suffisant pour être recteur d'école. Nous ne les connaissons guère d'ailleurs l'un et l'autre que parce que, sur le registre des actes religieux, ils sont signalés comme témoins avec le titre de recteurs d'école. Cependant le rôle de la taille de 1699 indique que Ytier est dispensé de cet impôt comme recteur d'école.

Le 29 novembre 1699, Jean Maître, l'un des procureurs de la communauté et Nicolas, l'un des procureurs de la fabrique, concluent avec *Me François Dumont* « cy devant recteur à Minot », l'accord suivant :

« Le sieur Dumont s'oblige pour trois ans à partir du 1er janvier prochain à faire fonctions de recteur d'escolle, assister aux divers services, y chanter, lorsqu'il plaira audit sieur curé et luy obéir, assister à la conduite du Saint-Sacrement aux malades. » Il aura soin des enfants, veillera à leur éducation. La communauté lui donnera 60 livres de gages et la fabrique 50, payées par quartier. Il aura en outre 5 sols par enfant pour ceux qui apprennent à lire, 6 sous pour ceux qui apprennent à

écrire et 8 sous pour ceux à qui il enseignera l'arithmétique. Il sera tenu de conduire chaque soir les
enfants à l'église et il chantera avec eux le Salve
Regina ou une autre antienne de la Sainte Vierge
devant son image ; il portera le dimanche l'eau
bénite dans toutes les maisons moyennant la redevance accoutumée. Chaque mortuaire lui sera payé
25 sols, savoir 15 sols pour la messe d'enterrement
et 5 sols pour chacun des autres services ; les enterrements d'enfants en bas âge lui seront payés 5 sols
et 10 sols ceux des enfants qui communient. Il
devra écrire les rôles des tailles et les calculer,
mais on lui fournira le papier timbré ; on lui fournira aussi la nourriture quand il travaillera à ces
rôles. »

La femme de Dumont s'appelait Anne Lerclerc.
Ils eurent une fille Claudine en août 1701, une
seconde Marguerite en 1702, une troisième Anne
en 1704, une quatrième Anne en 1706. Dumont
signe encore au registre le 4 janvier 1708. Il dut
mourir peu après, car les comptes de la fabrique
pour 1708 portent cette mention : « Tant à François
Dumont, en son vivant, recteur d'école audit lieu
qu'à sa femme, 4 livres 7 sols 3 deniers. »

Nous n'avons pourtant pas trouvé l'acte de sa
sépulture, mais nous l'avons dit, les registres sont
très incomplets.

Sa femme continua à résider à Arc-sur-Tille où
elle mourut en 1743 à l'âge de 80 ans ; sa dernière
fille Anne s'était mariée en 1732 avec un tixier de
toile Jacques Nevers, né à Aprey et qui était venu
habiter Arc-sur-Tille.

Le successeur de Dumont fut *Louis Lamare.* Il

débuta à la fin de mars 1708. Les comptes portent en effet qu'il lui fut payé en cette année 38 livres 18 sols pour trois quartiers. Il cesse de signer en mars 1713 et est remplacé par *Jean Perrié*. Les comptes de la fabrique portent qu'il a été payé 10 livres pour voiturer les effets du sieur Perrié. Sa femme s'appelait Anne Biliard. Ils eurent un fils en 1714 ; mais ils en avaient déjà deux autres Nicolas et Pierre qui assistent à l'enterrement de leur père, le 26 février 1721. Jean Perrié fut enterré à l'église sous le lutrin. Nicolas Perrié signa pendant quelque temps comme témoin des actes religieux de la paroisse. Pierre fut chirurgien d'abord à Arceau, puis à Arc-sur-Tille où il fut de plus greffier de la justice ; sa fille Anne épousa un recteur d'école Germain Thibaut que nous trouverons ci-dessous.

Deux recteurs d'école avaient aussi assisté à l'enterrement de Jean Perrié : Michel Martin, recteur de Couternon et *Louis Dambrung*, recteur de Darois. Ce dernier lui succéda, mais ne resta recteur que trois ans. Il fut remplacé en 1724 par *François Heudelot*.

Dambrung avait un fils Louis qui était devenu greffier de la justice d'Arc. En 1727, le 9 juillet, on le trouva noyé dans la Tille de Gourmeraut.

François Heudelot exerça ses fonctions de recteur jusqu'en 1742. En 1740, il était aussi devenu greffier de la justice. Il resta greffier jusqu'à sa mort en 1746. Il n'avait que 50 ans. Les confrères de Saint-Martin assistèrent à ses funérailles. Pendant son séjour à Arc, il avait eu six enfants : Marie (1726), Adrien (1729), François (1731), Barthélemy (1733),

François (1736, mort en 1747), Charles (1741, mort en 1745).

La femme d'Heudelot était Charlotte Villeminot qui mourut à 56 ans en 1752, en laissant des effets et meubles estimés 57 livres 10 sols.

Ils avaient eu avant de venir à Arc un fils Prudent qui fut recteur d'école à Arceau et un autre Jean qui fut soldat et qui devenu invalide fut sergent de la justice à Arc. Barthélemy fut cordonnier, Adrien, maître-bourrelier. Leur sœur Marie épousa Antoine Moreau, d'Arcelot. Nous retrouverons cette famille, quand nous nous occuperons de l'histoire des familles d'Arc-sur-Tille (1).

A Heudelot, succéda *Claude Trécourt*, qui signe pour la première fois sur les actes religieux le 10 juillet 1743.

Nous avons son engagement avec la communauté, Trécourt habitait alors à Chargey en Franche-Comté. Il devait « tenir les écoles, y estre assidu, et y enseigner les enfans, comm'aussi assister aux offices de l'Eglise et y régler et entretenir le chant, accompagner le sieur Curé lorsqu'il administre les sacremens aux malades, fera les lectures et prières accoutumées pendant le caresme et le catéchisme trois fois par semaine pendant l'hyver, sans pouvoir se soustraire à aucune des fonctions cy-dessus pour quelque raison que ce soit, à peine de résiliation du présent marché après un avertissement. »

Il recevait de la communauté 70 livres payables en novembre, et de la fabrique 51 l. 16 s. payables au même terme. Il avait en outre pour salaire « sça-

(1) Adrien ne fut pas toujours bourrelier ; en 1766, il est dit praticien et le 22 juillet de cette année, il devient greffier de la justice.

voir pour les enfans qui seront à l'alphabeth six sols par mois, pour ceux qui commenceront à écrire 7 sols et ceux qui écriront et chiffreront 9 sols, le tout par mois, comm' aussy aura pour les mariages et enterremens la rétribution ordinaire, plus pour l'eau bénite 10 sols par laboureur et gens aisés et 5 sols par manouvrier et autres et 2 sols 6 deniers par chaque veuve, étant déclaré que tous les droits cy-dessus montent à environ 200 livres. »

Claude Trécourt eut en 1746 un fils Claude-Jacques qui mourut la même année. Sa femme se nommait Elisabeth Stuard.

Il cessa ses fonctions en juin 1747. Le 7 juin il signe pour la dernière fois comme témoin à un acte religieux qui est aussi signé par son successeur, *Nicolas Andriot* qui venait de Chaignot. Il s'y était marié en 1744 avec Denise Perrié, fille de l'ancien recteur Jean Perrié ; d'après le contrôle, ils entraient en ménage avec un mobilier de 800 livres.

Ils eurent une nombreuse famille. Une première fille Anne naît en 1748 et elle a pour parrain Germain Thibaut, alors recteur à Couternon, mais qui devait finir sa carrière à Arc-sur-Tille.

En 1749, c'est un fils Nicolas, un autre fils Barthélemy en 1750, Marie-Anne en 1752, Joseph en 1754, Marie-Josèphe en 1755.

Andriot signe pour la dernière fois au registre des actes religieux le 16 avril 1755, et son successeur qui était son neveu par alliance, *Germain Thibaut* signe la première fois le 26 avril suivant.

Germain Thibaut était fils de Nicolas Thibaut, marchand à Chalancey en Champagne. Nous le trouvons d'abord recteur à Couternon. Là, il épouse en 1745 Françoise Renardet, fille de Jean Renardet, laboureur à Couternon. Elle lui apportait un trousseau de 500 livres et 50 livres en argent. Lui, il possédait 500 livres. Il offrit 60 livres de bijoux et de bagues à sa femme.

Celle-ci mourut bientôt, et en 1748, Germain se remaria avec Anne Perrié, petite-fille de l'ancien recteur Pérrié et fille de Pierre Perrié, maître chirurgien et greffier de la justice d'Arc-sur-Tille. Il avait alors 500 livres d'argent et 180 livres de meubles. Anne Perrié lui apportait 400 livres. Il lui offrit 40 livres de bijoux et de bagues (1).

Un mariage auquel Germain assista en 1753 à Arc-sur-Tille nous apprend qu'il était devenu recteur à Beire, et c'est de Beire qu'il fut appelé à Arc-sur-Tille.

Il y eut 4 enfants : Claude en 1757, Gui en 1758, Pierre en 1761 et François en 1762. Mais il avait eu auparavant trois filles qui se marièrent à Arc-sur-Tille.

Le 1ᵉʳ prairial an III, Germain partagea entre ses enfants ses biens estimés 6000 livres, dont faisait partie sa maison située rue de la Cras ; c'est actuellement la maison de Mme Vve Sarrasin ou plutôt c'en est l'emplacement, puisque ce quartier a été entièrement détruit par l'incendie de 1840.

Ce partage nous fait connaître la situation de ses enfants : Claude était à Dijon, Guy était courrier des dépêches nationales à Paris, François était mar-

(1) Ce sont là les chiffres des deux contrats de mariage, mais le Contrôle (*Arch. départ. de la Côte-d'Or, C. 7651*) donne des chiffres différents : 1000 l. de dot pour le premier mariage et 1199 l. pour le second.

chand à Arc et fut ensuite secrétaire de la mairie, Pierre était charpentier à Amboise ; Marguerite en 1772 avait épousé Nicolas Bourgeot, couvreur de loches ; Anne en 1777 était devenue la femme de Jean Devienne, laboureur et Antoinette, celle de Denis Utinet.

Germain Thibaut resta recteur jusqu'en 1777. Il fut ensuite greffier de la justice. C'est lui qui en 1789 a déchiffré les vieux titres de la communauté et c'est son fils François qui les a transcrits sur un registre qui existe aux archives de la commune.

Nous avons vu dans la *Révolution à Arc-sur-Tille* que Germain Thibaut fut l'an VI l'un des vieillards choisis pour figurer à la fête de la Vieillesse.

Il mourut le 25 germinal an VII (15 mars 1799) ; il avait 77 ans.

Son successeur fut *Laurent Trécourt* qui signe pour la première fois sur les actes religieux le 11 mai 1777. Il devait mourir à Arc-sur-Tille en 1814 et son acte de décès nous apprend qu'il avait 84 ans, qu'il était fils d'Antoine Trécourt et de Colombe Trécourt et que, comme l'ancien recteur Claude Trécourt, dont il devait être parent, il était né à Chargey. Sa femme, nommée aussi Colombe Trécourt, est morte à Arc à 86 ans ; elle était de Rivières-les-Fosses.

L'un de ses fils Jean-Claude fut soldat au 12ᵉ régiment de chasseurs ; un autre Hubert, fut maréchal des logis chef et chevalier de la Légion d'Honneur. Ce dernier était né à Vielverge, ce qui semble indiquer que Tréconrt avait été d'abord recteur dans ce village. D'après le contrôle (C. 7681), ses divers émoluments s'élevaient à environ 200 livres. Nous constatons qu'en 1782 on lui donna 9 livres comme greffier de la communauté, le papier compris. Il resta recteur jusqu'en 1783 ; cependant dès 1777 aux Grands Jours tenus le 10 novembre, on se plaint qu'il manque d'autorité. Il devait plus tard jouer un certain rôle sous la Révolution, et il fut membre du comité de surveillance.

Dans une réunion des habitants et des fabriciens le 21 avril 1783, *Claude Compère* fut choisi pour être recteur pendant trois ans. Dans l'histoire de la Révolution, nous avons raconté l'incident dont il fut le héros. Nous ne ferons que le résumer ici.

L'engagement de Compère partait du 1ᵉʳ mai 1783. Il aurait de la communauté 140 livres de gages, payables en deux termes et 51 livres 16 sols de la fabrique, plus les mois des écoliers et ses assistances à l'église ; mais il devait porter l'eau bénite tous les dimanches sans rétribution, et il devait aussi faire les écritures de la communauté et avancer les dépenses nécessitées par les pièces soumises au contrôle. Les habitants s'engageaient à le loger en attendant la construction projetée d'une maison d'école, et la fabrique promit de payer son loyer pendant un an.

Le curé et l'intendant approuvèrent ce choix et Compère entra en fonctions ; mais il donna lieu à quelques plaintes en 1786 ; les habitants lui firent savoir leur intention de le congédier ; ils lui reprochaient d'être incapable, querelleur, violent, injuste, et adonné au vin ; aussi ne voulaient-ils plus lui confier l'éducation de leurs enfants. Ils demandèrent à l'intendant l'autorisation de faire un autre choix. Mais une enquête contradictoire prétendit que ces plaintes n'étaient pas fondées, qu'elles avaient été provoquées par les menées et les menaces du sieur Marchant et qu'au contraire on était très satisfait des services de Compère. Le curé Terguet prit fait et cause pour lui et affirma que nombre des habitants qui avaient signé la plainte du 29 janvier n'avaient pas assisté l'assemblée et avaient cédé à la pression de Marchant.

L'intendant ordonna qu'une nouvelle réunion des habitants aurait lieu et que tous devraient y assister sous peine d'amende. Elle se fit le 26 mars 1786. Compère eut pour lui 53 voix et 119 contre. Mais les menées avaient été actives et le curé continua à le défendre. Il montra que les 53 habitants qui avaient voté pour Compère payaient 1321 livres 17 sols de taille, tandis que les autres n'en payaient que 1032 livres 17 sols. L'intendant se rangea à son avis et maintint le recteur.

Mais celui-ci abusa de sa victoire ; ses habitudes de cabaret, ses brutalités et ses violences redoublèrent, et il obligea les enfants de ses adversaires à quitter l'école.

Ses ennemis en profitèrent et amenèrent les habitants à lui refuser de payer le loyer de sa maison, qui, il est vrai, n'était plus garantie par la fabrique ; mais c'était néanmoins contraire à l'engagement conclu avec Compère. Aussi l'intendant somma-t-il les habitants de s'assembler obligatoirement et de voter la somme promise. Ils durent céder, mais en janvier 1787, ils signifièrent son renvoi à Compère et cette fois l'intendant approuva.

Les plaintes étaient certainement fondées et les registres du contrôle en fournissent une preuve. Nous y trouvons en effet un double engagement de

Compère : le 28 août 1786, il fait un billet de 60 livres à Nicolas Jacquot, cabaretier, et le 20 mars de la même année, il avait fait deux billets à Diollot, marchand de vin à Dijon, l'un de 50 livres et une mesure de froment, l'autre de 60 livres et aussi d'une mesure de froment. Il est permis de croire que ces dettes étaient dues à des consommations de cabaret ou à des fournitures de vin.

Les habitants choisirent alors *Jean Mercusot* qui fut accepté. On portait ses émoluments à 188 livres payées par quartiers, plus les 51 l. 16 s. de la fabrique et les autres ressources ordinaires. Il serait logé par la commune et ferait comme ses prédécesseurs et gratuitement les écritures de la communauté. L'intendant ajouta dans son ordonnance qu'il recevrait deux fois par semaine les enfants pauvres qui lui seraient désignés par le Curé et qu'il leur enseignerait particulièrement le catéchisme avec zèle et sans rétribution.

Mais Mercusot mourut le 22 mai 1787 à 37 ans ; il avait commencé ses fonctions le 1er mai. Sa veuve s'appelait Catherine Thomas et était de Fauverney.

Mercusot avait à peine exercé quelques jours quand il tomba malade ; il fut suppléé dès le 6 mai par son prédécesseur Trécourt qui dirigea l'école jusqu'au 30 juin suivant.

Le 1er juillet, *Jean Doret* qui avait été choisi par les habitants et accepté par l'intendant, commença ses fonctions aux mêmes conditions que Mercusot. Etait-il veuf quand il vint à Arc ? Nous l'ignorons. S'il n'était pas veuf, sa femme Françoise Héliot serait morte en 1790 ; les actes mortuaires de cette année ont disparu. Il perdit une petite fille Eugénie, âgée de quatre ans, peu après son installation et en 1792, un fils de cinq ans, Jean-Baptiste.

Il se remaria le 15 octobre 1792, et son contrat de mariage semble indiquer qu'il avait déjà été marié deux fois. Il épousait Marguerite Bourgeot, fille de Martin Bourgeot, qui avait 450 livres de dot, et lui en avait 300 « non compris ce qui est à ses enfants de divers lits ».

L'engagement de Doret était de 6 ans. L'ordonnance de l'intendant qui le nommait est du 5 juin 1788. Nous n'avons pas retrouvé l'engagement lui-même, mais une délibération du conseil municipal le 7 juillet 1793, confirme cet engagement qui venait d'expirer. « Le citoyen Doret, dit cette délibération, continuera à être recteur d'école aux conditions du traité fait avec lui le 1er juillet 1787, savoir 240 livres par an, 184 l. 4 s. qui lui seront payés sur les sous additionnels des rôles de contributions et 51 l. 16 s. par le receveur de la fabrique. Il sera logé à la maison commune et y aura un potager. » Il aurait aussi 24 livres pour remonter l'horloge publique récemment achetée.

Une maison commune venait d'être acquise, comme nous l'avons dit précédemment.

Mais le traité conclu avec Doret dut nécessairement être modifié, quant au mode de paiement, car le 19 février 1794, le culte catholique fut supprimé et par suite la fabrique disparut ; ce fut donc la commune qui fut chargée de payer les gages du recteur.

Au moment de la création des municipalités en 1789, il fut nommé greffier de la commune, mais le 29 janvier 1792, il renonça à cette charge. Ce fut

François Thibaut, fils de Germain, qui le remplaça moyennant 80 livres par an. Doret resta chargé de la garde des prisonniers et de l'entretien du feu de la maison commune moyennant 12 livres.

Il ne semble pas qu'il ait pris une part dans les luttes qui divisèrent Arc-sur-Tille pendant les années de la Révolution. Son maintien à Arc-sur-Tille en 1793 prouve que l'on était satisfait de ses services. Quand, en 1791, le Directoire du département organisa des concours cantonaux en faveur des enfants des écoles, Doret désigna pour prendre part au concours 6 enfants de son école : Hippolyte Gouget, 14 ans, neveu du curé Terguet, eut le premier prix ; Martin Bourgeot, 13 ans, eut le second prix. Le 3ᵉ prix fut obtenu par Jean Louis Réquechot de Couternon. Les 4 autres écoliers, beaucoup plus jeunes, étaient Simon Roussin, 11 ans ; Albin Roussin, le futur amiral, 10 ans ; Adrien Heudelot, 8 ans et demi, et Pierre Galand, 8 ans. Ces enfants reçurent des éloges et des prix supplémentaires et on félicita leurs parents et aussi le maître qui avait si bien dirigé leur instruction.

Et cependant quand le 25 pluviôse an II, Doret demande un certificat de civisme au comité de surveillance, il n'obtint que 4 voix favorables sur 8, et on lit au bas du certificat: « Je ne connais ni civisme, ni talent, signé : Clerc, Bernard, Thévenard. »

Il est vrai que le conseil général de la commune lui avait délivré un certificat très élogieux, rappelant le succès de ses élèves au concours de 1791 et disant qu'il leur avait toujours enseigné des mœurs républicaines.

Plus tard, Doret et les instituteurs du canton

d'Arc-sur-Tille durent assister aux fêtes patriotiques avec leurs élèves.

Cependant ils s'en abstinrent, lors de la fête du 1er vendémiaire an VI, anniversaire de la fondation de la République, parce que les classes étaient en vacances.

Le 2 pluviôse de cette même année, on célébra une grande fête lors de la paix de Campo-Formio. Tous les fonctionnaires du canton avaient été invités. Quand tous les invités furent réunis, les fonctionnaires renouvelèrent le serment de haine à la Royauté, puis on se rendit en corps à la place de la Liberté où le traité fut publié.

Comme le calendrier républicain était assez mal observé, la municipalité cantonale rappela les lois en vigueur et prévint de nouveau que les instituteurs devaient ouvrir leurs écoles tous les jours sauf le quintidi et le décadi. Ce rappel au règlement semble indiquer que les usages anciens avaient été maintenus.

Le 23 thermidor, on célébra la fête du 10 août, anniversaire de l'abolition de la royauté. Doret dut prendre l'engagement solennel de n'inspirer à ses élèves que des sentiments républicains, du respect pour les vertus, les talents, le courage, et de la reconnaissance pour les fondateurs de la république.

Nous ne savons quand Doret cessa ses fonctions, mais le 30 messidor an XIII (10 juillet 1805), il était instituteur à Vosnes, et en 1832 sa veuve vendait à fonds perdu ses terres d'Arc, et, dès 1803, *Etienne Michelot* est *instituteur* à Arc-sur-Tille ; tel est le nouveau titre de nos recteurs d'école. Mais le traitement qu'il recevait n'avait guère varié : Doret avait 240 livres, Michelot eut 250 francs et 300 fr. en 1818. Il avait toujours les mois des écoliers et son casuel à l'église. Les indigents toutefois ne sont plus reçus ni à part ni à titre gratuit. La municipalité établit la liste des enfants indigents ; ils fréquentent l'école comme leurs camarades et la commune paie pour eux. En 1827, l'instituteur reçoit 137 fr. 50 pour les indigents.

Michelot avait été choisi comme les anciens recteurs, non d'après ses titres, mais d'après sa réputation. Que valait cette réputation ? Nous l'ignorons, mais en 1831, il avait près de 70 ans ; il était bien vieux pour continuer des fonctions réellement pénibles, vu le nombre des enfants. Le conseil municipal cédant à l'opinion, l'amena à se démettre de ses fonctions et l'on fit une annonce dans les journaux pour demander un instituteur. On faisait valoir le traitement : 250 fr., un bon logement, un jardin potager, un enclos de 17 ares 14 attenant à la maison d'école, 150 écoliers, et encore ce nombre pourra-t-il s'accroître, car si des progrès sont constatés, beaucoup d'adultes qui ne savent rien viendront à l'école ; l'instituteur a en outre le casuel de l'église et pourra faire des arpentages. On ne parle pas du secrétariat de la mairie qui, après la démission de Doret, avait été donné à François Thibaut. Celui-ci mourut en 1828 et fut remplacé comme secrétaire par J. B. Joudrier, ancien instituteur d'Arceau.

La municipalité reçut 4 demandes : la première était de Jean-Baptiste Pauthenier, né le 23 août 1799 à Messigny, muni du brevet de capacité, actuellement instituteur en second à Is-sur-Tille, en état d'appliquer la méthode d'enseignement mutuel ; la seconde était de Moussotte, instituteur à Vonges où il ne trouvait pas de ressources suffisantes ; il ne connaissait pas l'enseignement mutuel, mais il demandait deux mois pour se mettre au courant ; la troisième était de Luquet, fils du professeur de latin de Pontailler, mais il ne connaissait pas le plain-chant ; enfin la quatrième était de Joudrier « appuyé dit le procès-verbal, par soixante individus. » Joudrier a été instituteur à Arceau ; il a quitté ce poste, on ne sait pourquoi, mais il ne savait pas l'enseignement mutuel ; il demande quelques mois pour être en mesure de le pratiquer, mais on ne peut attendre. Le conseil inclinait visiblement pour Pauthenier dont la « lettre de demande était écrite d'une manière aisée, et montrait qu'il avait reçu l'instruction voulue ». On s'en remit au recteur M. Berthot de choisir entre les quatre candidats et *Pauthenier* fut désigné et installé.

On vota une pension de secours de 100 fr. à Michelot en récompense de ses bons services, mais il devrait la réclamer chaque année. Michelot resta à Arc. En 1808 il y avait perdu son père né à Recey-sur-Ource et âgé de 77 ans ; en 1837, il perdit sa femme, Prudence Chevallot, née à Auberive et âgée de 83 ans ; Michelot en avait lui-même 75. Il dut alors quitter Arc-sur-Tille, car nous ne trouvons plus mention de son nom dans les registres.

Ce fut le 18 juin 1831 que *Pauthenier* fut installé. Le budget de l'année nous apprend qu'il avait un traitement fixe de 250 fr., et on lui allouait une prévision de 130 fr. pour les élèves indigents ; mais ce chiffre fut presque toujours dépassé ; ainsi il fut de 172 fr. 50 en 1834, de 193 fr. 15 en 1835. Pauthenier qui avait une remarquable écriture fut en outre chargé du secrétariat de la mairie.

Il débutait donc sous les meilleurs auspices. On fut d'abord assez satisfait de ses services, et quand eût été votée la loi de l'enseignement primaire dite loi Guizot, comme il remplissait les conditions requises pour être nommé instituteur primaire élémentaire, il fut titularisé le 30 août 1835.

Cette titularisation se fit avec une certaine solennité en présence de la commission scolaire, dont faisaient partie le maire et le curé. On lut le décret ministériel qui le nommait à Arc-sur-Tille, et il prêta le serment exigé des fonctionnaires : Je jure fidélité au roi des Français, obéissance à la Charte constitutionnelle et aux lois du royaume. Cette prestation de serment fut attestée au dos de l'ampliation de nomination, qui lui fut remise.

Pauthenier devait exercer environ dix ans, mais il allait donner bien des désillusions. Des plaintes nombreuses de pères de famille arrivèrent au maire et l'on se décida en 1840 à lui enlever les filles et à ouvrir une école primaire de filles dont la première institutrice fut Mlle *Marie-Cécile Prost*.

A ce moment, le traitement de l'instituteur avait été porté à 300 fr., celui de l'institutrice fut de 200 fr.

Ils avaient en outre 60 fr. chacun pour le chauffage des écoles ; les enfants furent alors dispensés de porter du bois pour le chauffage, et cela au grand bénéfice des haies que beaucoup saccageaient pour ne pas arriver à l'école les mains vides. Les mois des écoliers avaient été relevés : les garçons payaient de 0 fr. 75 à 1 fr. selon le degré d'enseignement et les filles 0 fr. 50 à 0 fr. 75 et en 1841, ce sera pour elles 0 fr. 60 à 0 fr. 75.

Cependant les plaintes contre Pauthenier s'accentuaient. En 1839, 32 pères de famille firent une pétition contre lui et la renouvelèrent à plusieurs reprises ; ils sollicitaient son remplacement par un instituteur qui sortirait de l'Ecole normale de Dijon, attendu qu'en ce moment, à Arc, l'instruction de la jeunesse était délaissée. Le maire fit appeler Pauthenier. lui donna connaissance des plaintes qu'il provoquait, lui montra que sa situation devenait impossible ; il lui conseillait, vu ses ressources, de démissionner et de s'occuper, comme il le faisait déjà, d'arbitrage d'affaires et d'arpentage. Pauthenier ne voulut rien entendre et le maire fut obligé de porter la question devant le comité d'enseignement de la Côte-d'Or qui ordonna une enquête. Elle ne porta que sur un point : résultats de l'enseignement donné. Il fut établi que l'instituteur enseignait mal et sans succès, que ses élèves étaient tous ignorants, que les adultes savaient à peine lire et ne savaient écrire que pour signer leurs noms, que la population de 15 à 25 ans était d'une ignorance complète. Le conseil toutefois décida que l'affaire ne serait pas suivie, mais qu'un avertissement serait donné à Pauthenier, et qu'une médaille qui lui avait été attribuée en mai ne lui serait remise que lorsqu'il se serait amélioré, qu'il cesserait de fréquenter les cabarets et s'occuperait davantage de sa classe. L'avertissement fut inutile ; les mêmes errements continuèrent : Pauthenier qui avait acheté des terres s'occupait de les faire valoir, faisait des arpentages, et ces soucis extérieurs nuisaient à sa classe ; de plus il était partial en classe, partial en affaires, partial même dans la rédaction des délibérations du conseil municipal. Aussi on persistait à demander son remplacement. A ce moment Pauthenier donna sa démission et il cessa ses fonctions le 31 juillet 1840. Il continua à habiter Arc-sur-Tille ; il devint même membre du conseil municipal d'octobre 1841 à la révolution de 1848. Il avait acheté une maison à Arc-sur-Tille sur le champ de foire, il la loua 80 fr. en février 1843 à la commune pour y installer l'école des filles pendant la construction de la nouvelle maison commune. Nous nous demandons même s'il n'avait pas ouvert un cabaret, car en 1848 il présenta au conseil municipal une note de 46 fr. 05 pour consommation faite chez lui par des ouvriers qui travaillaient à la maison commune.

Il avait eu cinq enfants. L'aîné Barthélemy-François, dit Alexis, né à Is-sur-Tille, épousa en 1850 Marguerite Bourgeot d'Arc-sur-Tille et il a passé sa vie à Arc-sur-Tille où il est mort. Un autre Paul-Victor mourut un an après sa naissance ; les trois autres Prosper, Alphonse et Louise retournèrent à Messigny avec leurs parents. La mère s'appelait Louise Popon.

Le maire fut chargé par le conseil municipal de trouver un autre instituteur. Cinq candidats se présentèrent et parmi eux, M. *Claude Perron* qui était de Saint-Julien, élève de l'école normale et muni du brevet supérieur. Le maire hésita à le choisir. Il avait été possible, dit-il dans son rapport au conseil, d'apprécier le degré d'instruction des candidats,

« mais il n'en avait pas été de même pour juger de leur moralité et de leur aptitude plus ou moins grande à diriger la jeunesse vers l'instruction morale et religieuse, besoin indispensable à tous les êtres destinés à vivre en société et qui doit marcher de front avec l'instruction primaire et recevoir de l'impulsion par les soins de l'instituteur. » C'est du style ampoulé sans doute, mais combien l'idée est juste !

On s'en remit comme précédemment au Recteur qui choisit M. Perron. Il fut accepté par le ministre et installé. En 1841, il épouse Mlle Jeanne Bourgeot, fille de Noël Bourgeot, marchand, et de Marguerite Devienne. En 1843, Mme Perron qui avait le brevet de capacité demanda et obtint l'autorisation d'ouvrir une école libre de filles ; nous n'avons pu savoir si cette école a existé ; en tout cas, elle n'aurait eu qu'une courte durée.

A partir de 1840, l'instruction de la jeunesse va être en sérieux progrès. La municipalité se plut à favoriser le développement de l'enseignement, en achetant des livres de lecture, des cartes murales, 12 médailles d'argent pour récompenses hebdomadaires des élèves les plus méritants. Ce fut au début un puissant moyen d'émulation.

Est-ce à dire qu'il n'y eut plus de difficultés, que le nouvel instituteur et l'institutrice donnèrent toujours satisfaction à tous les intéressés ? Nous ne le croyons pas. Ainsi en 1844, le conseil réduit le traitement de M. Perron à 300 fr. ; le préfet en renvoyant le budget rétablit le chiffre de 427 fr. ; mais le conseil proteste et maintient 300 fr., en disant que jusqu'en 1840, le traitement de l'instituteur n'avait été que de 250 fr. et qu'il lui paraissait suffisant de lui allouer 300 fr., alors que l'intitutrice n'avait que 200 fr. En maintenant 300 fr., on ajoute encore dans la délibération : « Si toutefois les devoirs de l'instituteur sont bien remplis dans les formes voulues par la loi. » Il semble donc qu'il y ait eu mésintelligence entre l'instituteur et la municipalité. Cependant M. Perron resta à Arc jusqu'en 1851, date à laquelle il donna sa démission. Nommé plus tard au chef-lieu de canton de Bligny-sur-Ouche, il finit sa carrière comme instituteur d'Auxonne et mérita les palmes d'officier d'académie, distinction alors rarement obtenue par les instituteurs.

Ce fut sous lui en 1848 que le conseil municipal établit à Arc-sur-Tille la gratuité de l'enseignement et alors il fixa le traitement de l'instituteur à 1.050 fr.

M. *Pierre Fauconney*, jeune instituteur, ancien élève de l'Ecole normale, fils de l'instituteur de Velars, et nommé d'abord à Corcelles-les-Monts où il avait épousé Mlle Pauline Nief, remplaça M. Perron au mois d'août 1851.

Il débuta avec le traitement de 1.050 fr. qu'avait M. Perron ; en 1854, ce traitement fut porté à 1.150 fr., parce que, dit la délibération, M. Fauconney est digne de tout éloge, et à partir de 1854, il sera de 1.200 fr.

Nous pouvons parler de ce digne instituteur, car c'est lui qui a dirigé nos études, jusqu'au jour où deux de mes camarades et moi, devinmes les élèves de M. l'abbé Soupey ; mais même alors il continua à nous recevoir dans sa classe où nous lui rendions quelques services comme moniteurs, et, quand plus tard nous eûmes quitté l'école, il continua à nous enseigner les sciences. Nous pouvons dire ici que nous lui devons, comme à M. Soupey, tout ce que nous avons pu faire dans la vie et nous ne saurions leur témoigner à l'un et à l'autre une trop grande reconnaissance.

L'école était alors très nombreuse ; non seulement toutes les tables au nombre de 14 avec 6 places par table, étaient occupées, mais encore des bancs placés en avant des tables et même les marches de la chaire étaient garnis d'élèves. Un certain hiver, nous dépassions le chiffre de 140, et M. Fauconney n'avait pas d'instituteur-adjoint. L'enseignement simultané s'imposait donc ; d'ailleurs il était en pleine vigueur depuis une dizaine d'années.

M. Fauconney eut quelque temps l'aide de son jeune frère Adolphe qu'il prépara à l'École normale et, qui devait mourir instituteur à Pontailler. Mme Fauconney intervenait aussi, comme surveillante surtout, pendant les classes du soir.

Le matin, été comme hiver, la classe commençait à 7 heures pour la première division : c'était la leçon de grammaire avec exercices d'application et d'analyse au tableau, puis venait la dictée. Pendant ce temps, les élèves des autres divisions étaient arrivés ; ils devaient être tous là à 8 heures. On récitait alors la prière du matin. Après quoi l'instituteur donnait au tableau la leçon de grammaire de la seconde ou de la troisième division : des moniteurs pris dans la première division donnaient l'une des leçons de grammaire, d'autres rassemblaient les élèves en *cercles* et les faisaient lire. Chaque tableau appendu à la muraille était entouré d'un demi-cercle en fer mobile de haut en bas et qui s'abaissait, tenu en équilibre par un pied en fer.

C'était autour de ce cercle que se tenaient les élèves ; le moniteur était à l'intérieur avec l'élève qui était appelé au tableau, les autres suivaient l'exercice. Les leçons de grammaire se terminaient par une courte dictée. De 9 heures à 10 heures, leçon d'écriture, avec modèles imprimés ou calligraphiés, ou modèles au tableau, méthode Clerget. L'instituteur et quelques moniteurs passaient dans les bancs près de chaque élève pour surveiller son travail et le diriger en lui montrant la manière de le faire. De 10 à 11 heures, leçon générale de lecture.

Ensuite, après une courte prière, les élèves partaient, sauf la première division qui remettait sa dictée, et cette dictée était corrigée et expliquée en commun.

La rentrée du soir se faisait à une heure. Après la prière en commun : Venez, Esprit-Saint, récitation des leçons : leçons de mémoire, de catéchisme, d'histoire sainte (l'abbé Eysseric), d'histoire de France (Mme de Saint-Ouen), de géographie (l'abbé Gautier). De 2 à 3 h., lecture ; de 3 à 4, écriture en gros et le samedi en ronde, en bâtarde ou en gothique dans les deux premières divisions ; de 4 à 5, calcul et arithmétique théorique. A 5 heures, prière, puis sortie, sauf de la première division qui recevait à son tour la leçon de sciences : calcul, arithmétique théorique, algèbre, géométrie et physique. Les élèves n'avaient pas de livres de sciences. L'instituteur faisait la leçon au tableau, la faisait répéter 2 ou 3 fois et l'on devait la savoir. Cependant les meilleurs élèves eurent à rédiger un cours d'arithmétique, un cours de géométrie et même un cours de physique.

Une fois par semaine, on avait narration ou composition française.

Le jeudi matin, M. Fauconney emmenait fréquemment les grands élèves à travers champs pour y faire de l'arpentage, cubage d'arbres, de fumiers, de monceaux de terre, etc.

Les livres de lecture comprenaient pour les plus jeunes la Pensée et de petits ouvrages de ce genre, puis une petite histoire sainte. Ensuite venait un ouvrage en 4 volumes, un par saison, donnant les travaux des champs, l'explication de certains phénomènes (écho, rosée, etc.,) des récits de batailles, des biographies de grands hommes, etc., puis la Morale de Barreau, et un livre de morceaux choisis des grands auteurs classiques en prose. Pour la lec.ture de l'écriture manuscrite, nous avions une histoire sainte, les animaux de Buffon et le manuscrit des 50 sortes d'écriture, enfin, pour le latin, le Psautier.

La dictée seule se faisait à l'école ; les autres devoirs : narrations, problèmes, cartes, exercices de grammaire se faisaient à la maison.

On voit si la journée du maître et des élèves était occupée. Et cependant en 1865, M. Fauconney ajoutait à son labeur une classe d'adultes. En 1862, il avait fait créer une bibliothèque scolaire qui fut un grand succès et répandit le goût de la lecture dans le village.

Bientôt des jeunes gens poursuivirent leurs études et devinrent instituteurs soit à la sortie de l'école d'Arc, soit en passant par l'école normale ; nommons MM. Rougetet, Fourney, Genelot, Goëft, Galand, directeur d'école à Dijon, Bourgeot directeur à

Nuits, Monniot, professeur au Lycée de Dijon.

Tous ces excellents résultats obtenus avaient donné à M. Fauconney une grande popularité. Ses chefs voulurent reconnaître les services qu'il rendait et l'inspecteur primaire fut chargé de lui remettre solennellement les palmes d'officier d'académie.

En 1872, M. Fauconney fut appelé à la direction de l'école d'Auxonne où il remplaça M. Perron. Il y prit sa retraite et, après être resté quelque temps à Arc-sur-Tille, puis à Mirebeau, il alla habiter Corcelles-les-Monts où il est mort.

En 1872, le 1er février, M. *Jean Gérosime-Lerat* succéda à M. Fauconney. Il avait apporté un petit musée scolaire qui fut exposé dans le vestibule de la mairie et que ses élèves enrichirent de différents objets. Nous citerons parmi les nouvelles acquisitions une fibule en bronze émaillé trouvée au climat de Champagne, plusieurs boucles de ceinturon en bronze d'origine mérovingienne venues du sol de la gendarmerie et par suite provenant de l'ancien cimetière et deux petites haches en diorite trouvées à Arc-sur-Tille.

La même année, une délibération du conseil interdit à l'instituteur de chanter à l'église, sous prétexte que c'était une perte de temps et un dérangement pour l'école, et que par suite l'instruction des enfants y perdait. Tel fut l'avis du maire Martin, cafetier, promoteur de cette mesure et des conseillers Curot, Gollotte, Joudrier, Picard et Devienne. Les autres conseillers Brisville-Mongin, Bourgeot-Curot, Berger, Galand-Marcelin et Picard-Mongin protestèrent en faisant valoir que la perte de temps n'était pas appréciable, car l'instituteur

faisait par jour deux heures de plus que n'exigeait
le règlement, que les messes chantées en semaine
étaient rares et que Mme Lerat remplaçait son mari,
de sorte que le travail des enfants n'était pas inter-
rompu, enfin que c'était mettre fin à un usage
plusieurs fois séculaire. Leur opposition resta inutile et la mesure fut votée par 6 voix contre 5. Le
traitement de l'instituteur était augmenté de 200 fr.
Mais en 1876, la majorité du conseil ramena ce traitement à 1000 fr. malgré l'opposition du maire et
de l'adjoint qui appuyèrent auprès du préfet le
maintien de l'ancien traitement.

M. Lerat demanda son déplacement.

Son successeur fut M. *Charles Barbier*, né à Vonges, qui commença ses fonctions le 1er octobre 1876,
et dont le traitement fut relevé à 1400 fr. Il mourut
le 23 juin 1881 à 42 ans et fut enterré à Arc-sur-
Tille.

Après lui, ce fut M. *Pierre-Honoré Goiset*, installé
le 6 juillet 1881. Ce fut sous lui, le 17 mai 1882, que
fut établie une caisse des écoles pour laquelle le
conseil vota 200 fr. et qui pouvait recevoir des dons
des particuliers. Elle avait pour objet de récompenser les bons élèves et de venir en aide aux élèves
pauvres en leur procurant des vêtements ou des fournitures de classe, et en les secourant, s'ils étaient
malades.

Le 11 avril 1885, M. *Armand Lefaure* succéda à
M. Goiset.

En 1886, il y eut un projet d'école maternelle
qui n'aboutit pas. Puis, comme l'école des garçons
comptait 88 élèves on proposa la création d'un poste
d'adjoint.

Le traitement de l'instituteur fut porté à 1800 fr. et 700 fr. furent prévus pour le traitement d'un adjoint, qui ne sera accordé qu'en 1893.

Le 1er octobre 1891, M. *Pierre Chomard* succéda à M. Lefaure, il créa un patronage des élèves de l'école en 1904. Il avait enfin obtenu un adjoint en 1893. Les adjoints ou stagiaires furent MM. Boudier, Péchinot, Lapaiche, Roche, Lavocat et Bouhin, le poste fut supprimé en 1903.

M. Chomard perdit sa femme qui était restée longtemps malade ; lui-même était fortement déprimé : dans un accès de décougement et de neurasthénie, il se suicida sur la tombe de sa femme.

M. *Paul Bernard*, l'instilituteur actuel, est entré en fonctions le 13 janvier 1907. Il a été mobilisé pendant la guerre et a été suppléé successivement par M. Barthélemy, instituteur en retraite à Arc-sur-Tille, puis par Mlle Parisot, MM. Perrin et Bain, élèves d'école normale ; ensuite deux frères d'Arc-sur-Tille, M. Jean Gevrey qui sortait de l'Ecole normale, et qui, mobilisé, devint lieutenant d'infanterie ; son frère, Alphonse le remplaça, fut mobilisé à son tour et devint aspirant ; ce fut enfin Mlle Raynal, jusqu'au retour de M. Bernard.

M. Bernard a continué le patronage, rétabli les cours d'adultes, préparé les frères Gevrey et d'autres élèves à l'école primaire supérieure. Il a un cours de préparation militaire et a été chargé du cours d'agriculture créé à Arc-sur-Tille.

CHAPITRE IV

LES INSTITUTRICES PRIMAIRES

A diverses reprises, il y avait eu à Arc des écoles libres des filles. La première dont la tradition ait gardé le souvenir fut celle de Mme Masson, seconde femme de M. Masson, grand-père maternel de l'amiral Roussin. Elle habitait dans l'ancienne maison Le Rouge, près du pont du moulin.

Il y eût ensuite une école tenue par Mlle Marie Julie Fauchet, fille d'un procureur au Parlement de Dijon ; mais en 1823, elle épousa François Favelier, chirurgien de Savigny-sous-Beaune et elle quitta Arc-sur-Tille.

En 1828, Mlle Georgin avait ouvert une école, elle demanda une indemnité de logement au conseil municipal qui lui accorda 60 fr., mais il les lui retira en 1829, parce qu'elle n'était pas assez instruite et ne rendait pas assez de services à la commune. On les lui rendit pourtant en 1830 et on y ajouta 10 fr. pour les élèves pauvres qu'elle recevait. Nous ne savons quand elle cessa d'exercer.

Telle était la situation : un instituteur dont on était mécontent et plus d'école de filles. Le bruit se répandit dans le village et aux environs que la municipalité était décidée à créer une école de filles et il se produisit plusieurs demandes d'institutrices et, parmi ces demandes, celle de Mademoiselle *Marie Cécile Prost*, de Dijon, munie du brevet de capacité. La municipalité l'engagea à ouvrir d'abord une école libre pour faire ses preuves. Cette école fut ouverte dans la maison Barbet, Mlle Prost réussit, les parents furent très satisfaits, et la nouvelle institutrice fut installée officiellement le 5 février 1840 et devint l'année suivante *Madame Theurot*, en épousant Etienne Theurot, bourrelier à Arc-sur-Tille.

Nous avons vu que ses débuts avaient été heureux. Elle avait 200 francs de gages, plus les mensualités des élèves qui étaient 0 fr. 50 et 0 fr. 60 et qui, sur sa réclamation, furent portées en 1841 à 0 fr. 60 et 0 fr. 75.

L'accueil fait par la population à Mme Theurot ne pouvait qu'être excellent. Les élèves filles gagnaient à n'être plus dirigées par un homme et à être séparées des garçons. De plus, les parents virent avec plaisir que leurs filles apprenaient à coudre, à repriser, à tricoter, même à broder et à faire de la tapisserie. Cela flattait bien leur instinct utilitaire et même leur vanité.

Mais Mme Theurot, munie d'un simple brevet élémentaire, n'eût pas l'air de se douter de la préparation intense qui se faisait à l'Ecole normale de Dijon sous la direction d'un homme de mérite supérieur. Son enseignement ne dépassait guère le niveau des Michelot ou des Pauthenier. Aussi des plaintes ne tardèrent pas à se produire. Deux écoles libres de filles s'établirent même successivement, l'une dirigée par Mme Martin, dans la maison dite du Raisin, l'autre par Mme Garnier Bourgeot, vulgairement Garnier-Doudon, dans sa maison du Champ-de-Foire (Petite maison Luminet).

D'autre part, Mme Theurot, mal secondée par son mari, avait une nombreuse famille qui absorbait ses soins au grand détriment de sa classe.

A ce moment, M. Fauconney donnait une grande impulsion à l'enseignement des garçons et l'on demanda avec instance une institutrice sortant d'une école normale. Mme Theurot fut obligée de se retirer (1) et *Mlle Adèle Lambert*, élève de l'École normale de Besançon fut nommée le 10 août 1852 et installée le 1er octobre suivant. Elle recevait le traitement de 600 fr. attribué à Mme Theurot, quand la gratuité de l'enseignement avait été établie.

Ce fut, comme pour les garçons avec M. Fauconney, une vraie révolution dans l'enseignement des filles. Mlle Lambert, outre sa valeur personnelle comme institutrice, avait la bonne éducation donnée dans les Écoles normales et une excellente tenue qui inspirèrent le respect de tous. Elle vivait avec une jeune sœur Mlle Marie, dont elle s'était chargée. Le conseil municipal voulut reconnaître son mérite et le 4 novembre 1852, il lui vota une indemnité de 112 fr. et l'année suivant il porta son traitement à 720 fr.

Mlle Lambert dirigeait aussi à l'église le chœur des chanteuses. Ses élèves, voulant lui témoigner leur affection d'une manière sensible, prirent l'habitude de lui souhaiter chaque année sa fête ; elle les réunissait alors dans une soirée où des jeux variés charmaient toute cette jeunesse que parfois aussi elle conduisait en promenade dans les villages voisins.

(1) Elle créa plus tard une sorte d'école de travaux manuels de femmes, qui réunit un bon nombre de jeunes filles.

Mais Mlle Lambert épousa en 1860 un propriétaire d'Orgeux, M. Sossivet et Mlle *Anne Burtey* lui succéda. Mlle Burtey était fille d'un instituteur père de dix enfants qui tous furent instituteurs ou institutrices, ce qui valut à leur père la croix de la Légion d'honneur. Mlle Burtey ne fit d'ailleurs que passer à Arc-sur-Tille ; la même année, elle prit le voile et devint religieuse de Sainte-Marthe. Elle avait offert pour la remplacer et, vu le grand nombre des élèves, ses deux sœurs Mlle *Catherine Burtey* qui serait institutrice titulaire et Mlle *Marie Burtey* qui serait adjointe. Elles se contentèrent d'un traitement de 1.000 fr. pour les deux, traitement qui fut élevé à 1.100, puis d'après la loi de 1875 à 1.300 fr.

Les demoiselles Burtey avaient été comme M. Fauconney les coopératrices de l'œuvre religieuse poursuivie par M. Soupey. Mais les mauvais jours et les municipalités antireligieuses commençaient ; les progrès accomplis allaient être détruits et leurs auteurs mal vus de la municipalité. M. Fauconney partit le premier, puis ce fut M. Soupey.

Le conseil voulant le départ des demoiselles Burtey demanda qu'il n'y eût plus qu'une institutrice à Arc-sur-Tille et qu'elle fût pourvue d'un brevet supérieur.

Mlle Catherine Burtey, sur sa demande, fut admise en 1877, à faire valoir ses droits à la retraite et Mlle Marie fut nommée à Gemeaux, puis à Corgengoux.

Mlle *Elisa Bollotte*, née à Chaigney le 3 janvier 1839, fut nommée à Arc-sur-Tille le 26 août 1878. Elle devait y rester jusqu'en 1890. Nous ne savons rien de son enseignement, mais elle sut garder les sympathies de la population et l'affection de ses anciennes élèves.

Mlle *Marie Pauthenet*, qui devint bientôt Mme *Chaventon*, la remplaça le 9 novembre 1890 et fut remplacée elle-même par Mme Vve *Ecaille*, née *Joséphine Lambert*, le 16 février 1896. Celle-ci n'a pris sa retraite qu'en 1919. Sous elle, s'est fondée, en 1898, une Association des anciennes élèves. Avant la guerre, cette Association se montrait assez active ; elle avait des réunions périodiques, elle donnait des représentations théâtrales bien réussies, et Mme Ecaille conduisait chaque année ses anciennes élèves à un voyage de plaisir et d'instruction. Pendant la guerre, elle dirigea avec zèle et beaucoup de suite les travaux des jeunes filles en ravitaillement de vêtements pour nos soldats et en quêtes diverses pour les œuvres soutenues par le gouvernement.

Elle a été remplacée par Mlle *Jeanne Narbaud* le 29 septembre 1919. Mlle Narbaud n'est là que depuis un an et elle a mérité les sympathies publiques.

La situation des instituteurs n'avait cesser de s'améliorer : Rouyer n'avait comme émoluments fixes qu'un traitement en nature : une émine de blé, représentant, à la mesure de Dijon, environ 21 doubles décalitres. Bernard et Devienne ont 36 livres par an ; Dumont 110 livres ; Claude Trécourt 121 l. 16 sols ; Laurent Trécourt, 191 livres 16 sols ; Michelot, 300 livres. A cela, il faut ajouter les rémunérations mensuelles des élèves et le casuel fourni par la desserte de l'église. Lors de l'établissement de la gratuité de l'enseignement, Perron aura 1.050 francs et Fauconney 1.200 francs.

17

Depuis de nombreuses améliorations ont été faites : la situation des instituteurs n'a plus dépendu des communes ; ils relèvent directement du ministère de l'instruction publique, et la loi du 6 octobre 1919 a fixé ainsi leur traitement.

Stagiaires	3.600 fr.
6ᵉ classe	4.000 fr.
5ᵉ classe	4.500 fr.
4ᵉ classe	5.000 fr.
3ᵉ classe	5.500 fr.
2ᵉ classe	6.000 fr.
1ᵉ classe	6.500 fr.
Classe exceptionnelle	7.000 fr.

Il y a en outre certains avantages dépendant des titres, du nombre des classes ; une indemnité de logement, etc. (1).

Ces chiffres montrent qu'on a enfin reconnu le mérite de ce modeste fonctionnaire et qu'on lui a attribué une juste rémunération du rôle qu'il joue dans notre société.

Nous voici arrivé au terme de la tâche que nous nous étions donnée. Nous aurions voulu animer davantage notre récit, montrer nos pères vivant, agissant, dans leur vie privée ou dans leur vie publique, dans leurs joies et dans leurs peines, à l'église, sur la place de l'église débattant leurs intérêts, aux Grands Jours écoutant conseils ou admonestations, groupés dans leurs agapes de famille autour des grands-parents ou dans leurs confréries autour de leurs bâtonniers. Mais combien

(1) Un relèvement sérieux de ces traitements vient encore d'être proposé dans le budget de 1921.

ces temps anciens nous échappent ! Nous n'entrevoyons que quelque lueur derrière le voile du passé. Cependant le peu que nous voyons suffit pour nous prouver qu'on ne nous a pas dit toute la vérité : ce peuple n'était ni si misérable, ni si opprimé. Ses droits, il les connaissait bien et il savait les défendre même contre ses seigneurs qu'ils s'appelassent Affricain de Mailly, Aubert de Carmone ou Gaspard de Saulx. Il vivait plus heureux et plus libre que nous : le bien-être et l'instruction qui le procure sont en progrés, mais la liberté a-t-elle gagné ? Ce peuple avait lui aussi ses animosités, ses luttes, ses querelles, ses divisions, ses souffrances, mais sa religion le rappelait ici-bas aux sentiments de chárité et sa foi lui donnait la patience dans ses misères par l'espoir de l'au-delà.

Dans notre récit, deux hommes surtout attirent l'attention : le curé et le recteur d'école, tous deux chargés du soin des âmes, du souci de l'éducation morale et religieuse de la jeunesse, le recteur était le serviteur modeste du curé et le factotum de la paroisse. On l'a justement relevé de cét abaissement en lui donnant des titres scientifiques et une rémunération honorable. Il a obtenu la dignité qui convient à sa fonction ; mais déjà n'était-il pas estimé de tous et ne méritait-il pas cette estime par son caractère et une certaine instruction ? Nous voyons presque tous nos recteurs finir leur carrière comme officiers de la justice, greffiers ou procureurs, comme Rouyer, Bernard, Lamare, Trécourt ou le vénérable Germain Thibaut ? Ils sont aussi des agents d'affaires, des conseillers utiles ; ce sont eux qui, avec leur perche ou leur chaîne d'arpenteur, tranchent les différents de limites, ou partagent et bornent les champs. On a fait mieux encore aujourd'hui : on a assuré leur indépendance matérielle en relevant leur traitement. C'est fort bien. Mais pourquoi avoir dressé l'instituteur contre le curé? pourquoi avoir essayé d'en faire le pontife de la morale soi-disant laïque ou indépendante, de cette morale qu'on a justement nommée la morale du gendarme? Il n'y a qu'une morale : la morale éternelle, la morale religieuse, la morale divine la seule qui puisse avoir des racines profondes dans les cœurs. Le curé et l'instituteur ne seront pas de trop en restant unis, chacun dans son indépendance, pour la faire germer dans les jeunes cœurs et pour préparer une race de citoyens attachés à leur famille, à leur clocher, à leur patrie et mettant en Dieu leur dernier espoir.

IMPRIMERIE DE L'UNION TYPOGRAPHIQUE. — DOMOIS-DIJON.

TABLE DES MATIÈRES